民國歷史與文化研究

二 編

第 **15** 冊

民國時期的西南民族誌研究（下）

王 璐 著

花木蘭文化出版社

國家圖書館出版品預行編目資料

民國時期的西南民族誌研究(下)／王璐　著—初版—新北市：
花木蘭文化出版社，2015〔民104〕
目 4+168 面；19×26 公分
（民國歷史與文化研究 二編；第 15 冊）
ISBN 978-986-404-283-8（精裝）
1. 民族志 2. 中國
628.08　　　　　　　　　　　　　　　　　104012465

ISBN- 978-986-404-283-8

9 789864 042838

民國歷史與文化研究
二　編　第　　冊　　　　　　ISBN：978-986-404-283-8

民國時期的西南民族誌研究（下）

作　　者　王 璐
總 編 輯　杜潔祥
副總編輯　楊嘉樂
編　　輯　許郁翎
出　　版　花木蘭文化出版社
社　　長　高小娟
聯絡地址　235 新北市中和區中安街七二號十三樓
　　　　　電話：02-2923-1455／傳眞：02-2923-1452
網　　址　http://www.huamulan.tw 信箱 hml 810518@gmail.com
印　　刷　普羅文化出版廣告事業
初　　版　2015 年 9 月
全書字數　302723 字
定　　價　二編 24 冊（精裝）台幣 45,000 元

民國時期的西南民族誌研究(下)

王 璐 著

目

次

第五章 文化表述:「落後」邊胞與「現代」國民

　　上兩章從時間和空間兩方面分析了西南少數民族的表述。第三章通過溯源,分析了表述者如何強調了時間的延續性,從「同種」等層面,論證了西南少數民族與漢族的親緣關係;第四章在對夷進行分類的表述中,既區分了「夷(西南少數民族)」與「漢」,又將其納入了更大的版塊(中華民族)之中,完成了空間上的整合。溯源與地理分類雖然大都採用傳世文獻進行描述,但卻被放在調查文本的開篇,其重要性不容忽略。不過,在貌似客觀的描寫中,卻滲透著作者的主觀表述,這種主觀表述,恰恰流露出作者的記錄目的。這些都是中國早期民族誌特有的表述方式。然而,這只是民族誌文本的一部分,且文獻來源較多,而實地調查較少。20 世紀初,因調查工作的展開,對異族的描寫變得豐富起來,對異族形象的表述由模糊的形容詞,變成了具體的身體及其文化描寫。這部分描寫,更多借用了同時期的西方民族誌調查方法,即對地方他者(the Other)風俗文化的參與觀察並描述。對於這部分內容,西南民族誌是如何表述的呢?

第一節　差異與認同

　　即使是經過學術訓練的民族學家,他們也明確表示了自己的調查對象:

　　林惠祥:人類學便是一部「人類自然史」,包括史前時代與有史時代,
　　　　　　以及野蠻民族與文明民族之研究;但其重點係在史前時代

與野蠻民族。〔註1〕

黃文山：民族學雖以研究文化爲題材，但此種題材究以初民社會爲限。
〔註2〕

凌純聲：現代的民族學只研究文化低的民族或稱爲原始民族的文化。
〔註3〕

李安宅：人類學是研究原始社會的科學，而原始社會便是經濟落後的
社會，並沒有旁的意思。所以人類學來研究一切經濟落後的
社會，是再對不過的。〔註4〕

楊成志：因民族學著重於無文字記載，其文化尚未進步到像我們一樣
水平線的人類集團，或屬於一個未曾開發的文化區域
（Culture area）爲出發點。這落後的人類集團或未知的文化
區域，在今日四通八達的交通與熙來攘往的接觸情況下，無
疑地，非局處於窮鄉僻壤，即退於孤島山國。〔註5〕

　　雖然楊堃也曾感歎：中央研究院民族學組的工作範圍，似乎僅以中國境
內的後進民族爲限，這眞是一種遺憾！〔註6〕但人類學進入中國之實踐，在於
對地方（中國邊疆）的調查、記錄，即中心民族對邊緣異民族的記錄，具體
表現爲漢記錄「非漢」。上述定義中所謂野蠻民族、初民社會、原始民族，隱
含著與此相對應的文明民族、現代社會，而後者正是如凌純聲等民族學者所
置身的中原文明社會。值得注意的是，這種將他者的文化用落後、野蠻等詞
表述，也跟西方同時期的人類學表述相同，而非僅僅是中國傳統的夷夏之分
觀念。如馬林洛夫斯基也用「野蠻」（savages）一詞（*The sexual life of savages*）
來描述特羅布里恩德島上的人群。在西學中，誌是對異文化的描寫，這個原
初的異文化，也是遠離書寫者時代的、次於主流的、野蠻的殖民地他者的文
化。只是不同的是，民族誌應用到中國社會內部，由西方語境中人類學源於

〔註1〕林惠祥：《文化人類學》，北京：商務印書館，1991年。第6頁。
〔註2〕黃文山：《民族學與中國民族研究》，《民族學研究集刊》，1936年第1期。
〔註3〕凌純聲：《民族學實地調查方法》，《民族學研究集刊》，1936年第1期。
〔註4〕〔英〕馬林諾夫斯基著，李安宅譯：《巫術、科學、宗教與神話》，北京：中國民間文藝出版社，1986年。譯者序，第3頁。
〔註5〕楊成志：《廣東北江傜人？調查報告導言》，見楊成志：《楊成志人類學民族學文集》，北京：民族出版社，2003年。第244頁。
〔註6〕楊堃：《中國現代社會學之派別及趨勢》，收入楊堃：《民族研究文集》，北京：民族出版社，1991年。第16頁。

殖民者侵略目的之學問轉化爲認知中國初民、開啓民智之學問。這一學問大多體現在對中國「非漢」少數民族的記錄、書寫和描述之中。

所以，先進與落後、文明與野蠻，成爲當時文明社會對比異族社會的表述通則。因此，如果僅僅用這樣的二元對比描述來分析當時的文本表述，實無多少意義，因爲當時的調查無法脫離學術語境，所以對研究者也不能提更高的要求。實質上，對於「他者」的表述詞語，有時是一種意義的象徵，理解這種意義的象徵，才可以分析人們對社會文化總體現象的描寫。

如此，本書選擇「差異」與「認同」來分析對他者文化的表述。什麼是差異？差異就是被用來標示自己與他人的認同，以及建立人我區別的那些事物。差異的標示是任何一種分類系統的關鍵要素。〔註7〕從人類學的角度說，差異，是他者呈現出不同於我者的普遍文化特點。正如「潔淨與危險」一樣，被標識的「差異」需要從總體分類的文化關係中尋找其意義來源。〔註8〕

誰來認同？誰感覺有差異？這是表述者的問題。也即是說，如何界定他者，與如何界定自我有關。自我與他者是互相界定的參照物。他者一直是我們衡量自己有無價值、特徵或共同人性的標尺。無論他者是比我們更好或更差、與我們相似或相異，總不會是中性的，與他者的比較總會有自我的映像。〔註9〕對於本研究來講，自我，即是表述者。

對那個尚未被確定的他者而言，表述變得至關重要。誰在表述？調查文本中的表述，既顯示出表述者的身份，又決定了未被確定的「被表述」者的身份。對於「他表述」的調查者而言，所謂的「差」與「異」正是與自己所代表的身份或者身體上所賦予的文化立場對比而來的結果。換句話說，尋找「差異」，要結合一個「正常」的、被認同的參照物。而且，「正常」與「異常」是一種非客觀性的、解釋性的、主觀的認知。符合社會主流的認知即是正常，不符合社會主流的認知即是不正常的、具有「差異」的。

用符號學的「標出性」可以很好地證明這一點。「標出性」原是語言學中的一個概念，被趙毅衡先生借用到文化符號學並探討文化研究中的標出性。

〔註7〕　Kathryn Woodward 著，林文琪譯：《認同與差異》，臺北：韋伯文化國際，2006年。第50～51頁。

〔註8〕　Douglas. Purity and Danger: an analysis of pollution and taboo. London: Routledge, 1966.

〔註9〕　〔美〕威廉‧亞當斯著，黃劍波、李文建譯：《人類學的哲學之根》，桂林：廣西師範大學出版社，2006年。第7頁。

標出性有三項關係：正項（非標出性）、中項（被正項攜帶從而不標出項）、異項（標出項）。在文化研究中，中項偏向的一邊，就是正常的、中性的；中項離棄的「異項」，認知上是異常的、邊緣化的。中項無法自我表達，甚至意義不獨立，只能被二元對立範疇之一里卷攜帶，即是只能靠向正項才能獲得文化意義。但是這個被動表現的中項，對決定哪一項標出，有決定性意義：它與正項聯合起來，標出異項，排除異項。〔註 10〕以服飾為例，在漢族人眼裏，漢族服飾屬於正項。而少數民族服飾屬於異項，在認知上屬於異常的，不正常的，邊緣化的。因此，在文本中總是會將不同於我們（漢族）的服飾作為異常進行描寫。如服飾與我們（漢族）相同，何有描寫的必要？所以，文化標出性的悖論是，生活在某個文化中的人，並不覺得自己的文化元素風格特別：每個文化中人經常在異族人身上發現大量奇異的個性元素，而自己的禮儀服飾是正常的。〔註 11〕

　　從表述來看異文化標出性，並結合本書探討的相關內容，可作如下圖示〔註 12〕：

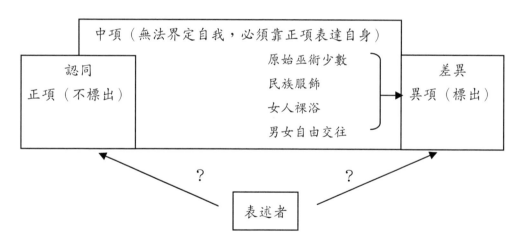

　　圖示表明：對於表述者（觀察者）來講，如果一個文化場景的人認同了科學，那麼原始巫術類就是差異（不同於「我們」）；如果認同了漢族服飾，那麼少數民族服飾就是差異；如果認同了女人應該知羞恥知禮儀，那麼裸浴

〔註 10〕 趙毅衡：《符號學》，臺北：新銳文創，2012 年。第 363～364 頁。
〔註 11〕 同上。第 365 頁。
〔註 12〕 本圖參考趙毅衡《符號學》中圖示並增加本書討論內容，見趙毅衡：《符號學》，臺北：新銳文創，2012 年。第 364 頁。

就是差異；如果認同了男女有別，授受不親，那麼男女自由交往就是差異。而這個表述者就是生活在這個文化場景中的人，表述者怎麼表述，一定跟自己所處的文化場景有關。

這決非是一種刻意的行為。從認知與區分的角度看，道格拉斯（Douglas）關於文化的觀點值得借鑒：就某種意義而言，文化是某個社群公開的、標準化的價值觀，它被個體的經驗所中介出來。文化預先提供了若干基本類別，這些類別就像實際的模式一般，思想觀念與價值觀在其中被有條不紊地組織起來。特別重要的是，因為每一個人對文化的贊同，都是從其他人的同意而來的，因為文化有其權威性。〔註 13〕處於一定文化場景中人已經被形塑了某種文化特性，這種文化特徵也是他所認同的文化特徵，以至於他一旦「表述」，其文化特性就會顯示出來，也會影響到對他者的文化表述，而在對他者的文化進行表述時，顯示文化權威的是自我的文化特性。在與自己所認同的文化特徵進行對比之時，他者文化的差異性即表現出來。所謂差異，則由「與他者相關的象徵記號（symbolic marking）所建立」。〔註 14〕在民族誌中，這些象徵符號眾多，原始宗教、民族服飾、男女社交、風俗習慣等。不過，在對西南少數民族的表述中，差異到底意味著什麼？「差別」、「奇異」甚至「差距」、「怪異」？這些賦予他者的詞語描述都是有其象徵意義的。本書選擇與他者相關的宗教信仰、服飾及婚戀觀的表述，來分析調查者如何通過與漢族或文明人的對比，來表述這些差異，並試圖認知其表述背後隱喻的真正認同是什麼。當時的人類學者用人類學民族誌的方法來研究中國的異族社會，就是因為人類學學科的有效性。人類學是一部「人類自然史」，包括史前時代與有史時代，以及野蠻民族與文明民族誌研究；但其重點係在史前時代與野蠻民族。〔註 15〕中國人類學研究目的是什麼呢？在林惠祥看來，就是「蠻族的開化」與「國內民族的同化」。〔註 16〕這也是當時民族調查的目的，即通過差異對比的表述，來達到最後的認同，我們很可以體會到這一點。

但需補充的是，這裡的表述，並非單純的「他表述」，「自表述」總是參

〔註 13〕 Douglas. Purity and Danger: an analysis of pollution and taboo. London: Routledge, 1966. PP, 38～39.

〔註 14〕 Kathryn Woodward 著，林文琪譯：《認同與差異》，臺北：韋伯文化國際，2006年。第 21 頁。

〔註 15〕 林惠祥：《文化人類學》（1934 年），商務印書館，2007 年。第 6 頁。

〔註 16〕 同上。第 19～20 頁。

與其間,雖然有時並不起主要作用,但是這種或輕或重、或深或淺的、或隱或顯的地方族群多元聲音,卻有助於我們理解被表述文化的整體特性。

第二節 初民社會與原始信仰

從文化包含的幾個範疇——人與自然、人與人、人與超自然來看,初民社會的原始宗教屬於人與超自然的範圍。從當時的認知程度來看,超自然與科學,在大多數人的眼裡,是互相牴觸的一對詞語。可是,宗教信仰卻在少數民族生活中佔據了重要的位置。調查者如何表述它呢?民眾對其普遍認知如何?哪些力量參與了對宗教信仰的認定?哪些力量引導著民眾目光的方向?又特別是對於被認定的異族對象,他們是否有辦法回應,如果有,他們怎樣回應「他者」對「自我」的表述?

在民國的社會語境裡,異族宗教的認識與推動主要有這樣兩種力量:一是學術對其性質的認定與創造,另一種是國家權力對其存亡的控制。前者體現在學術報告中,後者體現在官方調查報告與國家話語的結合。兩者實質均為他者(漢族)對異文化的表述。本節通過文本比較,具體分析兩種「他表述」的異同,並通過自我(本族)「自表述」的順應與修正,探討當時左右少數民族宗教特別是西南少數民族宗教論說的主導力量,從而展示表述者相對真實的宗教認知狀況。

1. 時間的隱喻:「初民社會」的宗教巫術說

在國外系統學習了人類學、民族學知識的調查者,在描寫初民原始信仰時,遵循的大多是人類學家馬林諾夫斯基關於巫術、科學與宗教的觀點。馬氏的話被凌純聲引用在「巫術與宗教」記錄之首:無論怎樣原始的民族都有宗教與巫術,科學態度與科學通常雖都相信原始民族缺乏科學態度與科學,然而一切原始社會,凡經可靠而勝任的觀察者所研究的,都是顯然地具有兩種領域:一種是神聖的領域,一種是世俗的領域或科學的領域。〔註17〕

在凌純聲的《湘西苗族調查報告》中,第八章為「巫術與宗教」,凌專門記錄了祭祖、吃豬、打家先、椎牛、贖魂、祭疱鬼、打乾鑼、退古樹怪、洗

〔註17〕凌純聲、芮逸夫:《湘西苗族調查報告》,中央研究院歷史語言研究所單刊甲種之十八(上),1947年。第127頁。

屋、洗貓兒、超度亡人、五穀鬼、接龍、暖牛籠、交牛等 16 種「苗教」形式及 24 種「客教（由漢人傳去的宗教稱爲客教）」形式，另有畫水、放蠱兩種「巫術」形式。淩純聲否定了鳥居龍藏關於「今日之苗族已失去固有的宗教」說法，認爲，湘苗沒有失去固有的宗教，即與宗教有關的巫術至今存在。我們尚能找到他的遺留至世俗的或科學的領域內，則因湘苗漢化較深，有些地方，已不能分別其爲固有或已受漢化。接著作者不厭其煩地描寫了上述的 16 種苗族的宗教形式，24 種客教形式，並時時配有圖示，顯示出調查時科學客觀的態度。作者將這部分宗教稱之爲「巫教」，因爲其帶有巫術的色彩而失去實用的效能。[註 18] 而將「畫水」與「放蠱」列入「巫術」內容，因其還有使用的效能。作者細緻地對上述兩種巫術進行了描寫，但是對於如何看待這些巫術，作者秉持科學的態度，並未作相關評價，在此章文末，作者這樣說：

> 　　我們說巫蠱是黑巫術或戀愛巫術，不過是一種假定而已。因爲不知道一種巫術的咒語與儀式，及術士執行這種儀式時所有的姿態與表情，當然不容易確知其內容的。[註 19]

淩純聲跟隨法國社會學和民族學大師莫斯（M.Mauss），尤其受法國民族學派的影響，形成了較爲注重實地調查資料、注重收集資料的研究風格，或多或少地保留了西方理論學派的「不以理論代事實，不以一般代特殊，不以部分代整體，按步深入，實事求是」的研究方法和「寧願爲事實而犧牲理論，決不肯爲理論而犧牲事實」的精神。[註 20] 這種精神特別從其關於宗教與巫術的表述中得到呈現。

　　馬長壽與林耀華對羅夷宗教信仰的學術表述也具有同樣特徵。1936 年秋，馬長壽先生進入正在籌備的國立中央研究院任助理研究員。當時，爲了開展對四川民族的研究，同時搜集一部分民族文物，成立了「國立中央研究院、中央博物院合組四川民族考察團」，以馬長壽、趙至誠、李開澤三人組成，馬長壽總其事，趙至誠負責攝影和繪圖，李開澤協助調查，並負責文書、會計等工作。馬長壽於 1936 年參與四川調查共 1 個多月。1939 年 12 月 1 日，馬長壽又進行了第二次調查，共計 115 天。通過這兩次考察，馬長壽擬寫了長

〔註 18〕同上。第 194 頁。

〔註 19〕同上。第 201 頁。

〔註 20〕王建民、麻三山：《湘西苗族調查報告》（導讀），淩純聲、芮逸夫著：《湘西民族調查報告》，北京：民族出版社，2003 年。第 9 頁。

達十四編的《涼山羅夷考察報告》，約 80 萬言，其中第十章爲「羅夷巫術祭祀與信仰」，但當時因抗戰及搬遷等原因並未出版，而是到了 2006 年，才由其弟子周偉洲整理出版。出版時將《涼山羅夷考察報告》改爲《涼山羅彝考察報告》（以下按新版「羅彝」稱呼），並將第十章調整爲第九章「涼山羅彝巫術、祭祀與信仰」。在此章中，馬長壽共寫了十二個方面，包括：1. 羅彝對於自然之態度，2. 巫術，3. 祭師——畢摩，4. 祭祀，5. 招魂與祈禳，6. 詛咒敵人，7. 禳送鬼魔，8. 解毀與修餐，9. 占卜，10. 蘇尼或師娘，11. 黑巫術之傳播，12. 民間巫術。〔註21〕

馬長壽先生考察路線圖 〔註22〕

馬長壽運用了當時人類學界對於宗教與巫術的界定來判斷，羅彝對於超自然的態度，不能稱之爲「宗教」。原因有二，第一，宗教有祈禱、懺悔等特徵，而在羅彝信念中俱無之。或不能曰俱無，其成分亦僅有百分之少數。第二，羅彝時有人力齊天之想，此與宗教之本意根本矛盾。但羅彝有宗教思想，表現在巫術、附帶有宗教性之宇宙觀，以及若續若斷或明或晦之泛神思

〔註21〕譚旦冏：《中央博物院二十五之經過》，臺北：中華書局，1960 年。第 97 頁。
〔註22〕馬長壽：《涼山羅彝考察報告》，成都：巴蜀書社，2006 年。

想。〔註23〕

　　對於羅羅巫術,馬長壽將其起源時間推得更早,認爲「自有人類,即有巫術」,體現在原始的特點爲,巫術與祭祀不分,巫術成爲戰爭之奴婢,巫術與政術不分,巫術與學術不分等特點上,並用民族學之術語觀之,畢摩爲「褐色巫術」,蘇尼爲「純黑巫術」。〔註24〕馬氏的結論是:羅彝崇拜自然,而無系統之宗教思想。重詛咒而少祈禱,主報復而不自戢,惡業多於善業,驅鬼重於祭神,且鬼多於神,此爲黑色巫術之特質。雖亦有命數之說、魂魄之義,究其極,不過玄學之雛形、宗教之萌芽,而不能成爲玄學或宗教。故羅彝對於超自然之態度,僅能曰「術」不能曰「教」,更不足曰「學」也。〔註25〕

　　在對羅夷的宗教觀念解釋中,馬氏運用了本土經典文獻進行敘事,非常注重利用羅彝的各種原始經典如《招魂經》、《指路經》等來客觀記錄本地人的說法及儀式的經過。作者在調查中,專門找了當地人翻譯,同時自己也試著學習羅羅語。在表述時,只注重客觀的描繪,並不去作那些「危險」的解釋,在此一點,頗具第三方的學術立場。這在當時的書寫中是難能可貴的。

　　但在整個文本中,馬氏還是將另一條時間的線索作爲整個敘述的統攝。本來按照本土經典,羅夷關於自己的信仰部分有自己的一套敘事邏輯,但這顯然不是馬長壽最終的關注。馬長壽找出羅夷的本土敘事,實際是證明其差異,然後將「我者」(漢族)與「他者」(羅夷)之間的差異放置在「時間」的脈絡中加以說明,〔註26〕多借用當時民族學、人類學界的觀點,用宗教演化論,將羅民巫術放置於原始階段,並結合文化傳播觀,將羅彝巫術與中原原始巫術進行對接。如作者認爲:

> 羅彝古代經典,均無「蘇尼」之名,蘇尼非爲羅彝固有之發明,因此推測,「蘇尼」之名似來自漢族「師娘」之譯音,「蘇」與「師」相近,「尼」與「娘」近而無尾音,蓋羅語尾聲無也。……雖不能斷定爲漢族文化之傳播,然與其它西南民族如羌、苗等之端公師娘,必有關係。〔註27〕

〔註23〕同上。第531~532頁。
〔註24〕同上。第540頁。
〔註25〕馬長壽:《涼山羅彝考察報告》,成都:巴蜀書社,2006年。第536頁。
〔註26〕Johannes Fabian. *Time and the Other: How Anthropology Makes Tts Object*.New York: Columbia University Press, 1983.
〔註27〕馬長壽:《涼山羅彝考察報告》,成都:巴蜀書社,2006年。第613頁。

但是相對後面將要論述的一些文本來講，馬氏對他者的描寫，特別是心理活動的分析還是保持了一定的謹慎，並沒有妄加猜測，特別是對於民間巫術所涉及的初民心理方面。馬氏認爲：

> 凡一類巫術都涵育有濃厚的與錯綜的初民心理。羅彝之各種民間巫術亦然。但在此時敘述諸民間巫術時，似乎不必躲在心理方面描述。其原因在於：第一，巫術之歷程，由始至終，便是一個心理的歷程。不過心理的歷程藉巫術表現出來，不特二者初無二致，而且表現心理之活躍，甚爲明顯。第二，描述心理固是一件煩難的工作，而解釋心理更易有「仁者見仁智者見智」的危險。故不如只就巫術事實作一種客觀的敘述。其心理歷程，由讀者體會，便可得到一種大略的解釋。〔註28〕

在列舉了羅夷異兆之說後，作者說，「有爲吾人所易理解者，有爲吾人所不易理解者。有遇吉而以爲凶，遇凶而以爲吉者。其例與漢族習傳夢出殯爲吉，夢婚事爲凶，同一爲因果相反，而不易爲吾人所理解之邏輯。今以此客觀敘述之，以資民俗學者藉作一般比較之研究。」〔註29〕可見，馬氏的描述很明顯受演化論與傳播論的影響，但是在初民心理的分析中，又盡可能保持了一種學術中立。

在十幾年後產生的《涼山夷家》文本中，同樣是寫羅夷，林耀華並未涉及本土歷史文獻，而是更多地運用弗雷澤（J. G. Frazer）關於巫術與宗教的論述，將羅羅社會的宗教置於「初民」社會時期，強調了其過去之性質。「我們考研初民的巫術與宗教，從中可以窺察初民適應環境在心理上的反應，也就是在思想方面的表現。」林耀華借用弗雷澤關於巫術的說法認爲，巫師就是初民的科學家。實則巫術因對付超自然界的因果觀念，往往不能得到實驗的結果，因爲超自然界的因果關係是人類根據錯誤的類比（Ana Logies）所想像創造，在自然界中卻沒有存在的餘地。羅羅的宗教實屬原始時期，與巫術相混不分，一切實施多偏重於巫術的活動。巫術嚴格地根據傳統的技術，並以爲技藝實行沒有錯誤的話，必能達到所要求的目的。夷家巫術亦係因生活緊張的情況而產生，然後一代一代的傳達下來。〔註30〕林先生同樣遵循了民族

〔註28〕 同上。第 617 頁。
〔註29〕 同上。第 621 頁。
〔註30〕 林耀華：《涼山夷家》（1947），昆明：雲南人民出版社，2003 年。第 83～87 頁。

誌宗教表述的西方傳統，更多地運用西方民族誌關於風俗研究的學術話語，並沒有對此加以批判。作者同時也運用了西方功能結構主義來說明，這種宗教會在此社會中一直保持下去，是爲了維持社會的平衡。比如說到喪葬的儀式，作者認爲：

> 喪葬的儀節，一方面因信仰鬼靈，由於儀式的舉行送祖靈安然渡到另一世界，一方面對於生人因在感情緊張的狀態之下大家聚會行禮，以求渡此難關，漸漸恢復到平日生活，使人類社會的均衡狀態得以保持。〔註31〕

由於民族學的訓練，林氏秉持均衡論的理念，更多地解釋此種宗教的功能。因此，只謹慎地將其放入「初民」的時間框架中。

1936 年，凌純聲在《民族學實地調查方法》一文中提出了「現代民族學」的概念，加上「現代」二字的「民族學」的含義何在？凌氏說，「西學的 Ethnologie 是代表研究人的科學的總稱」，「民族學應該研究世界各民族的文化，然有許多文化高的民族，已有歷史、文學、美術等等去研究他們的文化，所以現代的民族學以研究文化低的民族，或稱爲原始民族的文化爲主。」所以在田野調查中對付這樣的文化低的民族，一是告訴他們，我們的祖先即爲你們現在這樣的生活，這樣他們便可以「自願說出兩種文化的相同點和相異點」；二是將他們以上等人相待。因爲「雖然他是受制於某種環境，文化的階段及其它情形，以致形成他的生活和思想，這種事文明人的祖先大半都經歷過，不過現在已成過去了。」〔註32〕在此論述中，凌先生採用的是泰勒所提出的「遺俗論」（Survivals）。在被稱之爲「科學民族誌」典範的《松花江下游的赫哲族》一書中，凌就用了此法，他關注如何利用調查到的赫哲族相關數據解決中國上古史的宗教起源問題，這是「禮失求諸野」的態度與做法，將人類學、民族學所研究的「原始民族」，視爲上古社會文化的「遺存」。〔註33〕

前面論述過，強調功能主義的馬林諾夫斯基並不贊同「遺存」說，他認爲，一種文化的遺存特質，只有在這種行動的伴隨行爲中，在它得以實行的方式裡，才能得到最好的體現。而我們現在看到現存的活生生的儀式並不是

〔註31〕同上。第 91 頁。
〔註32〕凌純聲：《民族學實地調查方法》，《民族學研究集刊》，1936 年第 1 期。
〔註33〕黃應貴：《人類學的評論》，臺北：允晨文化，2002 年。第 299 頁。

半死半活的苟延殘喘。〔註34〕他認爲文化如果不能滿足人們生活需要，不是文化。文化因其對人有用處才能存在，這樣就從根本上否定了「遺俗」，認爲「遺俗」重構的歷史是主觀的設想，不是事實。〔註35〕儘管功能主義在中國民族調查後期產生了很大的影響（尤其是以吳文藻爲代表的社會人類學界），但馬氏關於「遺俗論」的觀點並沒有被當時大多數調查者所採用。抗戰期間，岑家梧在西南進行過深入的調查與研究，對原始社會史和文化史研究具有濃烈的興趣。他並不贊同功能主義認爲「遺存」只是虛構的概念，他說：

> 人類學上遺俗的概念，大概是從進化論脫胎而來的……現在所以留存著，據達爾文解釋，它只表示進化的痕迹而已。反進化論的學者雖也曾作過其它的解釋，可是到了現在，還沒有一種比達爾文當時的解釋更爲完滿。文化現象也有如體質那樣的逐漸演化發展過程。在演化中，舊的逐漸消失，新的逐漸生長，在新舊文化作有機的轉化時，舊的文化，往往也有許多象生物的體質一樣，作痕迹的遺留。

岑氏進一步說，遺留存在不成問題，功能也未必完全消失，他乾脆將其稱之爲「新功能」，〔註36〕只是遺憾，他並未就「新功能」舉以詳案闡釋。以上論說也說明，對於研究中國少數民族極具有效性的進化論思想，是不容易被學者們輕易否決的。

上述考察報告大多利用西方民族學、人類學關於宗教與巫術的觀點，比較客觀地對文化邊緣異族的「原始宗教」進行描繪。只是放入進化軌道上的「原始宗教」，隱含的是用「進化時間」代替「本土時間」，凡不同的變成了遠古，歷史變成了一種二元敘事——過去與現在。過去變得很長且具有同質性。雖然馬長壽試圖找出本土文獻敘事中的不同聲音，但一切都是爲配合「研究民族、收集標本」〔註37〕的更大目標，此目標壓倒了本土文獻敘事，異族宗教同樣成爲現代人類的「過去遺存」。但是，在異族宗教價值的判定上，此

〔註34〕〔英〕布羅尼斯拉夫・馬林諾夫斯基（Bronislaw Malinowski）著，張雲江譯：《西太平洋上的航海者》，北京：中國社會科學出版社，2009 年。第 17 頁。

〔註35〕謝立中主編：《從馬林諾夫斯基到費孝通：另類的功能主義》，北京：社會科學文獻出版社，2010 年。第 24 頁。

〔註36〕岑家梧：《遺俗論》，岑家梧：《岑家梧民族學論文集》，北京：民族出版社，1992 年。第 289～291 頁。

〔註37〕馬長壽：《涼山羅彝考察報告》，成都：巴蜀書社，2006 年。第 1 頁。

類學術性文本的表述較爲客觀，至少極少有否定、廢棄、遺棄之類的言說，林耀華甚至稱「巫師就是初民的科學家」，可見其明顯的研究態度。

2. 消失的神秘：官方話語之「破除迷信」論對調查的影響

　　林耀華先生的《涼山夷家》出版較晚（1947 年），所以在民國時期，難被其它調查文本引用，是否引用筆者也未獲得證據。而馬長壽的調查報告已有被引用的痕迹，1945 年，曾昭掄《大涼山夷區考察記》這樣談道：

> 　　二十八年，管理中央庚款董事會所組織的「川康科學考察團」，有一部分到寧屬各縣考察。其中三位，由常隆慶先生代爲幫忙接洽一切，遂自西昌通過涼山到達雷波。參加此項考察團者，有語言學家馬長壽教授等。該團亦有報告書，惜係非賣品。〔註38〕

　　作者可能將馬學良的語言學家之稱冠之於馬長壽了，但報告確實是馬長壽所出。可見，馬長壽的學術性報告已經被帶有官方性質的考察報告所引用。如何表述異族宗教，在當時的文本互動之中，學者的表述也影響到官方的調查報告。但是仔細對比，官方的調查報告關於此部分表述卻發生了變化，主要在於關鍵詞「迷信」的頻繁出現。

　　有意思的是，在用「迷信」一詞時，官、學兩界卻有差別。臺灣學者黃智慧先生分析了日據時期五十年來有關臺灣土著宗教信仰的研究成果，發現有一個系統的著作中都採用「迷信」這個觀點來理解原住民族的宗教行爲，而另一個系統的著作則全無此概念，甚至反對此概念。而這個歧義點或者「分袂點」正涉及到官、學兩界對於「迷信」概念的解釋與認定。在論述中，作者分析，官方大多使用「迷信」這個概念，而學界有的不用，如鳥居龍藏的調查，有的用之則是不得已，因爲「還想不出更好的詞語」，如森丑之助。〔註39〕黃氏的文章對於本書的研究很有啓發。不過，民國時期大陸的情況有些不同。雖然官、學兩界之間的聯繫有些相似，但是大陸的官、學兩界在「國家化」的過程中所面臨的強大傳統顯然不同於日本的殖民語境。何況，

〔註38〕 曾昭掄：《大涼山夷區考察記》，求眞社鉛印本影印，1945 年。載於駱小所《中國西南文獻叢書》（第四輯），《西南民俗文獻》（第 13 卷），蘭州：蘭州大學出版社，2003 年。第 240 頁。

〔註39〕 黃智慧：《日本對臺灣原住民族宗教的研究取向：殖民地時期官學並行傳統的形成與糾葛》，載徐正光、黃應貴主編：《人類學在臺灣的發展——回顧與展望》，臺灣：中央研究院民族研究所，1999 年。第 159～166 頁。

本土知識分子同樣也參與表述。而關於「迷信」一詞的討論，首先出現在學術界即民俗學界。民俗學界大量使用的「迷信」概念並沒有在人類學的民族調查報告中使用，卻在官方的調查報告中頻繁出現，這個現象值得注意。

官方對邊緣異族宗教信仰的關注並非先有一套成型的理念，爲何「迷信」一詞被選擇成爲其關鍵的判斷？「迷信」是什麼？爲釐清這一問題，須先從「民俗學」傳入中國的情況作簡要分析。

在面對德語 Volkskunde 與英語 Folklore 的不同含義時，中國到底應該採取哪種說法，開始並無一致的意見。研究宗教學的江紹原先生編譯的《現代英吉利謠俗及謠俗學》的「附錄七」有專門介紹：

> 德語 Volkskunde 的函義確較英語 Folklore 的爲廣⋯⋯中國研究者今後將採取哪個說法，自當早一點決定。又此學普通稱「民俗學」，從日本譯名也。然日本人所謂「民俗」，雖有時有民間——俗間的意思，移植到中國來，卻頗有被誤解爲民間風俗之危險。中國研究者是可以不理會這層呢，還是痛快點自行定名，也應早日決定（德文中「比較民學」一名，很可以介紹到中國來）⋯⋯我個人提議此學爲「民學」，且下了一個範圍似乎比德國民學還要廣的定義。〔註40〕

《現代英吉利謠俗及謠俗學》於 1932 年出版，然而在這之前，「民俗學」的提法已經出現。〔註41〕並且關於「迷信」一詞已經被大量論及（詳見下文）。江紹原先生之所以不同意「民俗學」的說法，是因爲中國學界對「迷信」研究的興趣過濃，以至於狹義化了德語 Volkskunde、英語 Folklore 或日譯的「民俗學」：

> 我既因一星半點的迷信研究而被認爲民學的一員，我想我應該趁早提醒大家，迷信決不是民學的唯一的主要部分。民學的範圍不限於迷信、傳說、故事等等，而是包括民間種種制度（例如搖會）在內的。〔註42〕

德文 Volkskunde 的涵義最廣，然而在當時，「德文民學書籍，連在北平似乎也

〔註40〕 江紹原編譯：《現代英吉利謠俗及謠俗學》「附錄七」，上海：中華書局，1932 年。
〔註41〕 中國 1922 年 12 月 7 日北京大學《歌謠》周刊的創刊爲標誌，其發刊詞中第一次使用了「民俗學」一詞。
〔註42〕 江紹原：《民學與合作研究》，載王文江、江小蕙編：《江紹原民俗學論集》，上海：上海文藝出版社，1998 年。第 8 頁。

不可多得」，〔註43〕日本的「民俗學」最爲中國學界所熟知和認同，江紹原之所以要創造「民學」的新說法，正在於當時的學界，過於重迷信風俗等的研究，包括江自己，也曾被魯迅邀請往中山大學先後爲國文系學生開設了過去各大學從未開設過的「迷信研究」、「禮俗與迷信之研究」，並寫了大量關於迷信研究的文章。〔註44〕迷信研究爲何會如此的被重視？

關於「迷信」一詞，早在中國傳統文獻中就已出現，如，今按舊傳迷信之說，動土有忌，或「避土」之意，〔註45〕又如，紀曉嵐以「其餘力成閱微草堂筆記一書，雖談狐說鬼，不脫舊時迷信之慣習，而結構謹嚴，論斷精切。」〔註46〕中國文獻中的「迷信」，大體是關於舊有的一種信仰的說法。偏向貶義並非完全貶義。

然而，「迷信」作爲學術術語來談及，卻是一個西學的概念，並且進入中國較早，外國人對中國「迷信」的研究也較早。據楊成志的說法，當時，上海法租界徐家匯的天主教會，也是一個對我國宗教迷信調查研究的中心。法國的多列著《中國迷信研究彙編》（H. Dore——*Recherches Sur les supersitition en Chine*）（1911～1929），19 年間，用法文刊印了 20 餘冊，又有英文翻譯本的刊行，可算是一部中國迷信大觀。〔註47〕

江紹原先生在《禮俗迷信之研究概說》中講：

> 「迷信」這個概名，我國是從何時才有的呢？不管它是否爲西方 Superstition 之譯語，近若干年來始從日本輸入我國的；我們之用它來稱呼本國（和外國）的種種迷信言、行、念，則似乎直接或間接頗受了西洋的影響。〔註48〕

「迷信」概念如人類學一樣，是西學東漸的一部分。關於「迷信」，中國學界有自己的定義，按照江紹原先生的界說：

> 一切和近代科學相衝突的意念、信念以及與它們並存的行止，

〔註43〕江紹原編譯：《現代英吉利謠俗及謠俗學》「附錄七」，上海：中華書局，1932 年。

〔註44〕王文江、江小蕙編：《江紹原民俗學論集》，上海：上海文藝出版社，1998 年。第 367 頁。

〔註45〕明・宋濂：《元史》卷六十五志第十七上，清乾隆武英殿刻本，第 766 頁。

〔註46〕清・紀曉嵐：《閱微草堂筆記》，提要，第 3172 頁。

〔註47〕《我國民俗學運動概況》，《民間文藝》，1962 年第 5 期。楊成志：《楊成志人類學民族學文集》，北京：民族出版社，2003 年。第 455 頁。

〔註48〕江紹原：《禮俗迷信之研究概說》，王文江、江小蕙編：《江紹原民俗學論集》，上海：上海文藝出版社，1998 年。第 249 頁。

我們皆稱爲迷信，其中有一部分（或許一大部分）普通常用「宗教」「法術」兩個名詞去包括。〔註49〕……要研究迷信，最好不要和科學界的新學說新發見太睽隔……我們姑且將以上所說的「糊塗心思」、「假知識」、「不可靠知識」、「以爲如此」等等呼爲「迷信」，則「糊塗行爲」、「無意識的行爲」等等豈非便應呼爲「迷信的行爲」？……迷信的本質，是將本來烏有的事認爲有，本不存在的關係認爲存在，其實不能發生的功效和不至於出現的危險認爲能發生、能出現；糟粕視爲精華，輕重不免倒置，種類鑒別不清，觀察只及表面。〔註50〕

另外，喬峰（周建人）等合編的《迷信與科學》（1923），以爲「要下迷信的界說，只能說在當時，並無哲學上的根據，又與科學得來的結果衝突，都可以叫做迷信。」此書後幾章所講的迷信分爲「文明人與野蠻人的迷信」，「對於物類生死的迷信」，「對於人種起源的迷信和傳說」。〔註51〕

由以上可以看出：第一，「迷信」定義主要是通過「科學」的標準而來，賽先生（Science）的引進加強了對迷信的反對。由此，第二，廣義的「迷信」即爲不符合科學標準的信仰和傳說，甚至可能更廣，江紹原的「迷信之分類」爲：宗教、人事、生活、制度、生業與職業、社會、藝術等類型，並詳細地列出各種類型所包括的各個方面。〔註52〕此處，「迷信」已經變爲形容詞了。

在江紹原的定義裏，「宗教」和「法術」是迷信的一部分，同時，迷信對應的又是「愚夫愚婦、生番熟番們的言行」。〔註53〕江紹原等人依學術的態度，從科學的立場去定義迷信，可以說是對「五四」以來的科學主義盛行、科學救國呼聲的一種回應。雖然，江氏也無法逃離一種假定：愚夫愚婦、生番熟番們的言行是違反科學的，愚昧落後的迷信。但從江對「髮鬚爪」的研究可

〔註49〕 王文江、江小蕙編：《江紹原民俗學論集》，上海：上海文藝出版社，1998年。第251頁。

〔註50〕 江紹原：《血與天癸：關於它們的迷信言行》，王文江、江小蕙編：《江紹原民俗學論集》，上海：上海文藝出版社，1998年。第161～164頁.

〔註51〕 王文江、江小蕙編：《江紹原民俗學論集》，上海：上海文藝出版社，1998年。第249～250頁。

〔註52〕 江紹原先生在《禮俗迷信之研究概說》，王文江、江小蕙編：《江紹原民俗學論集》，上海：上海文藝出版社，1998年。第293頁。

〔註53〕 江紹原：《血與天癸：關於它們的迷信言行》，王文江、江小蕙編：《江紹原民俗學論集》，上海：上海文藝出版社，1998年。第161頁。

以看出，在他的思想體系中，「迷信」與「科學」被放置在進化論的系列之中，迷信就是黑暗、蒙昧，是人類進化和文明發展的初級階段中的現象。同樣，浸潤著迷信的「禮俗」也被視爲是「文明的野蠻」。但同時迷信與道德、宇宙觀是結合在一起的。他探討「髮鬚爪」與各種「觀」的聯繫：藥物觀、治療觀、病因觀、身心關係觀、祭觀、刑觀、時觀、死觀、死後生存觀——觀之多雖未足以觀止，然也很可觀了——都有關。〔註 54〕這種研究很難說是要將其全盤否定。或許他也疑惑：新科學是否會帶來新的信仰，是否會重建各種新的「觀」？而「迷信」是否真的該被「破除」，對於民俗學出身的江紹原來講，顯然不是，請看他在《妙峰山進香專號》中如是說：

> 如今科學，唯理主義，無論教論、以及以善破多神迷信自許的基督教都輸入中國，漸漸占勢了，中國人的物質環境社會環境也漸漸改變了。如果……同志們之調查觀察記載，不能與那些破除迷信者用力一般勤，進行一樣快，我恐怕中國社會進化史要失去不少的好材料。我恐怕將來的人責備我們，比我們責備我們以前的人更嚴；將來的人的「迷恍的煩悶」要比我們現在所覺到的更屬害。曉解民眾改造社會等事，暫時丟開不談，但我們即使只想在將來的人的面前爭得自己的體面，也就應該快動手了。〔註 55〕

江紹原先生曾於 1927 年被魯迅邀請往中山大學爲國文系學生開設過「迷信研究」課程。1929～1930 年，他在廣州中山大學開設有關民俗學課程之後，又開設了「禮俗與迷信之研究」及「總教學」兩門課程。但「由於當時社會上對於民俗學科的研究，得不到應有的重視，被摒棄於科學殿堂之外，兩課終被停授。」〔註 56〕傅斯年當時對民俗研究也未見熱忱，而且還曾經批評中山大學《民俗叢刊》有些本「淺薄」、「無聊」。〔註 57〕爲何江紹原類的迷信研究與教學「得不到應有的重視」？其中可能的原因是其研究方

〔註54〕 舒瑜：《髮鬚爪中的「迷信」與「道德」——讀江紹原〈髮鬚爪——關於它們的迷信〉》，載王銘銘編：《中國人類學評論》（第 11 輯），北京：世界圖書出版公司，2009 年。

〔註55〕 江紹原：《妙峰山進香專號》，廣州：中山大學民俗學會小叢書，1928 年。

〔註56〕 王文江、江小蕙編：《江紹原民俗學論集》，上海：上海文藝出版社，1998 年。第 367 頁。

〔註57〕 王汎森：《容肇祖與歷史語言研究所》，王汎森、杜正勝：《新學術之路：中央研究院歷史語言研究所七十週年紀念文集》，臺北：中央研究院歷史語言研究所，1998 年。第 348 頁。

法難以達到傅斯年所謂的科學實證。更可能的原因在於當時學界認爲其是非科學的「無聊」學問。在知識界或政府界相關「破除迷信」呼聲此漲彼伏的情況下，江紹原對「髮鬚爪」那種前科學時代的遺留或許被認爲批判得不夠徹底？至少在江氏的研究中，迷信中的各種「神秘」與其各種「觀」是緊密聯繫的。

由上可知，江氏對當時中國的迷信研究作出了很大的學術貢獻，然而，其對迷信的情結又是雙重的，既從進化的角度批判之，又從學術研究的角度保護之。但是，這種對待迷信的態度並不能代表學界的主流，從江紹原的民俗學課程在中山大學的遭遇可以看出，當時學界的批判態度慢慢佔據主流。

在學界，爲何破除迷信，當時還有人從學理上進行論證。比如曾留學日本學習心理學的陳大齊，早在 1920 年之前，就參與科學與靈學的論爭，並用心理學上的學說來打破迷信，將他的《闢「靈學」》、《心靈現象論》等文章定名爲《迷信與心理》一書出版，影響頗廣。在此書中，陳顯示了比江紹原更明確的對待迷信的態度：

> 迷信這件事情眞是罪大惡極！要想科學進步，要想人在社會上做一個更有幸福的人，都非打破迷信不可。科學和迷信不能兩立，科學發達了，迷信自然會倒⋯⋯心理學在這一點上——打破迷信，是和別種科學同樣的重要，或者更重要些。因爲心理學不但能證明許多迷信的不合於理，並且能把迷信的原因說明，使讀的人恍然大悟一切迷信的由來。〔註58〕

按照 Superstition 本來的意思，即爲一種原始的信仰（belief），從學術研究的角度來看的話，迷信首先應該是一個中性詞。〔註59〕但是從 Superstition 到「迷信」，中國學界強調其與科學對立的解釋法，影響甚廣。自然，這與晚清至民國的科學救國論調有關。以報紙爲例，在晚清特別是民國，報紙是作爲民族「想像共同體」的主要渠道。1872 年上海創刊，影響甚廣的《申報》除了刊登政治、經濟、軍事、外交之外，也刊登文化、民俗。強調新聞眞實性的《申報》在創刊初期經常刊登以妖狐鬼怪爲內容的社會新聞，而到 1890 年前後，申報開始對怪異傳說等進行批判，「新聞欄目的面貌發生了明顯變化——以神妖狐鬼爲內容的社會新聞從版面上顯著減少，即便是涉及傳異志

〔註58〕陳大齊：《迷信與心理》，北京：新潮出版社，1920 年。第 4～5 頁。
〔註59〕王娟：《民俗學概論》，北京大學出版社，2011 年。第 157 頁。

怪類的新聞報導，往往也從科學角度來解釋，試圖澄清、消除其負面影響。」
〔註60〕從這一現象可以看出，以科學反對鬼神信仰在很早就開始進入讀報民
眾的視野。20世紀初期，出現了更多以「迷信」為話題的文章，登在各個刊
物上，更包括《小說月報》等文學性報刊，題目如《婚姻之迷信》、《吉凶之
迷信》等。〔註61〕到了國民政府時期，《申報》更是成為政府在上海反迷信
的陣地。〔註62〕檢梳當時各類刊物上發表與迷信相關的文章，時常可以看到
憂國憂民的知識分子對「迷信」問題痛心疾首。迷信成為一種負面、消極、
影響社會發展的現象，成為一個形容詞，其所代表的神秘性成為民眾的愚
昧、落後的表徵。國民政府的慣用語是「破除」、「打破」迷信，並將其與自
私自利相聯結，認為其迷信行為並無國家民族的關注。〔註63〕

　　出上可知，學界對迷信的批判態度慢慢佔據主流自然與當時的社會語境
有關。20世紀30年代，國民政府旨在從精神上塑造新國民，於是發起風俗改
良運動，政府在制定改良風俗政策的時候，借用了「迷信」一詞，來專指與
科學對立、不符合科學的不良風俗。「迷信」作為貶義的、應該取締的含義出
現在相關政策條文中。1934年4月14日，國民黨中央民運會檢送《民俗改善
運動大綱及民眾衛生習慣指示綱要》致各省（市）黨部公函，其民俗改善運
動大綱原則為：（一）以科學常識破除迷信；（二）以正當娛樂代替惡習；（三）
以簡儉宗旨代替禮節；（四）以軍事訓練整齊運動。〔註64〕此外，還擬出各種
辦法在各省市責令實行。並發起了著名的「新生活運動」，旨在「民族復興」。
〔註65〕新生活運動的各項原則和宗旨，尤其是關於「衣、食、住、行」的各
項規定，遂成為官方異族調查的對照點。

　　但是，民俗學的興起並不是首先針對所謂的邊民，而是針對與貴族、文
明社會相對的民間。雖然從1931年開始，南京國民政府所頒佈的有關宗教信

〔註60〕　張天星：《試析1890年前後〈申報〉反迷信活動與中國傳統新聞觀念的近現
　　　　　代轉型》，《東南傳播》，2010年06期。
〔註61〕　作者不詳：《婚姻之迷信》、《吉凶之迷信》，《小說月報》，1911年第2卷第1期。
〔註62〕　王成、邵雍：《從〈申報〉看上海地方政府反迷信措施（1927～1937）》，《淮
　　　　　北煤炭師範學院學報（哲學社會科學版）》，2009年第2期。
〔註63〕　《打破迷信與革除自私自利》，《南京市政府公報》，1932年第121期。
〔註64〕　《中華民國史檔案資料彙編》（第五輯），第一編　文化（一），中國第二歷史
　　　　　檔案館編，江蘇：古籍出版社，1994年。第441頁。
〔註65〕　張學良：《民族復興與新生活運動》，《新生活周刊》，1934年第1卷第26期。
　　　　　第2～5頁。

仰的文件均強調尊重各民族宗教信仰自由等，〔註66〕但國民政府最具綱領性的政策針對的是當時中國「五族共和」中的藏、回兩族的兩大宗教——佛教與伊斯蘭教，並非是因為抗戰的原因才開始關注到的西南苗夷信仰問題。

西南，不僅成為官方表述中迷信代表的「重鎮」，更有甚者，如戴季陶，在中國還未展開西南民族調查之前，就在《湖州月刊》（1925年）上發表「科學與迷信」一文，認為西南的奇風異俗簡直不能叫做文化。〔註67〕隨後，中央研究院與中山大學等都曾組織過西南民族調查，但黎光明等人的川西調查並未被中研院認可，自然也未出版，而楊成志的西南調查也未及時出版。很多調查中列的計劃項目到最後也未出版。所以人類學、民族學的調查在當時應該不如官方調查在社會上的影響大。

1934年10月，國民政府蒙藏委員會發佈咨文：查我西南各省，苗夷雜處，種族甚多，生活習尚，各有不同，為團結國內各種民族，為防止帝國主義者之利用，對於苗夷民族各項情況，實有深切明瞭之必要。茲經制定調查表式，擬請住有苗夷民族之各縣政府，認真調查，確實填載，俾作施政之參考。表格包括民族種類、戶籍、人口、語言、生活習尚、教育情況等項內容。〔註68〕到1935年3月，國民黨中央民眾訓練部擬定的《倡導民間善良習俗實施辦法》並沒有專門對待西南風俗改良的經驗。其中第三條是：倡導民間善良習俗，應以實行禮義廉恥、整齊清潔、簡單樸素、迅速確定、共同一致之新生活為標準。第四條是：民間舊有習俗與法律不相牴觸、時代不相違背，不妨礙公共秩序，且有提倡價值者，應輔導其善良與發展。並特別提及：「蒙古、西藏兩地，因宗教關係，風俗特殊，應另訂蒙藏地方推行新生活辦法以倡導之。」〔註69〕此處的提法說明，對於邊地，當時還只注意到蒙古、西藏，沒有提及西南及其它族群如何推行新生活運動。1935年3月24日，蔣介石由川飛黔，於3月25日、4月1日和4月15日分別作了題為「剿滅赤匪與

〔註66〕 李國棟：《民國時期的民族問題與民國政府的民族政策研究》。北京：民族出版社，2009年。第234頁。

〔註67〕 戴季陶：《科學與迷信》，《湖州月刊》，1925年，第2卷第1期。第11～17頁。

〔註68〕 《蒙藏委員會第112號咨文》，雲南省檔案藏：1011全宗28卷，1頁。1934年10月5日。轉引自白興發：《20世紀前半期的雲南民族學》，北京：民族出版社，2011年。第60頁。

〔註69〕 《中華民國史檔案資料彙編》（第五輯），第一編　文化（一），中國第二歷史檔案館編，江蘇古籍出版社，1994年。第444頁。

建設新貴州」、「貴州應如何實行三民主義」及「合軍事政治社會整個力量來剿匪才可以徹底成功」的演講，〔註70〕也並未提及具體的改良風俗言論。

　　雖然沒有對待西南異族關於風俗改良的經驗，但是當時從事於民俗研究的容肇祖、楊成志等人，到雲南搜集相關資料時，同時也作人類學調查。因此，西南文化的多樣性也為民俗學界所熟知，將西南異族納入民俗調查的範圍，就是要將民間的概念擴大，所以，楊成志說，「我們所謂民間，不限於漢族，凡屬於中國領域內的一切民族，如苗、瑤、佘、蛋、倮羅等等皆是。」〔註71〕不過，楊堃後來對此有過評論，他說：《民俗》週刊內所載的資料與論文並非是僅以民眾或民人為對象，而是將邊疆民族如苗、瑤、黎、彝等包括在內。這是否已超出民俗學的範圍而侵入到民族學領域之中這是應值得討論的。〔註72〕在當時，民俗學與民族學研究的邊界並不清晰，中國少數民族都被作為二者的研究對象。作為當時社會已普遍關注並用於形容落後風俗的「迷信」一詞，自然也用在民族調查關於異族宗教信仰的描述中。下面以劉錫蕃的《嶺表紀蠻》與毛筠如的《大小涼山之夷族》為例分析之。

　　20世紀30年代初，劉錫蕃任廣西特種師訓研究所所長，為了瞭解邊疆民族，深入其地，他多次遊歷廣西各地，用三年時間寫成《嶺表紀蠻》，書中涉及現在被識別為壯、瑤、苗等族群的族源、風俗習慣、經濟、文化發展等。此書撰寫在結構上極其細緻，共有三十章，方志與民族誌體例混雜其間，包括：諸蠻種屬及其南移之大勢、性質與體質、住域與居室、飲食與餐具、光怪陸離的蠻族服飾、家族組合與家庭慘劇、婚姻與喪葬等。其中宗教信仰部分作者專闢第二十一章名為「迷信」，內容列舉了巫覡、卜筮、弔稱錘、摸尺、占米卦、放雞鬼、放火箭、還炮惡、蠱毒、苗人的符籙、獵師的經典、靈異的法術、發苗瘋、雜述等十幾種。〔註73〕在關於上述「迷信」的表述中，作者既沒有描述如凌純聲等人的細緻，也未如江紹原講「髮鬚爪」那樣的結合其各種「觀」進行分析。但是，在未詳盡深入描述的情況下，作者卻對其流露出喜好、褒貶的判斷，以達到去原始宗教神秘性效果。

〔註70〕婁貴品：1935年蔣介石在貴陽的三篇「演講」概說，見：http://blog.sina.com.cn/s/blog_8440a1120100wj61.html
〔註71〕楊成志：《我與中山大學人類學系》，見楊成志：《楊成志人類學民族學文集》，北京：民族出版社，2003年。549頁。
〔註72〕楊堃：《我國民俗學運動史略》，《民族學研究集刊》，1948年第6期。
〔註73〕劉錫蕃：《紀表嶺蠻》（1934），臺北：南天書局，1987年。第181～197頁。

　　從作者於本文之前的「提要」可知作者著此書之目的與要旨。其中第二條提要爲：讀本書者，由各蠻族之「風俗」「宗教」「政治」「語言」「交通」各方面研究，可以窺見其所以不易進化同化之種種原由。〔註74〕同樣，作者用當時非常流行的進化觀考慮各民族，認爲其爲「最低級之民族」，〔註75〕「未開化之蠻族」〔註76〕。因此，他們「對於天然可敬可怖之物，無不信以爲神而膜拜之，此爲任何民族進程上所必經之階段。蠻人在現時，仍多數滯留於此等階段中。風動木搖，亦付之於神鬼。」即「西南諸蠻，在迷信上有極深長之歷史。」對巫蠱的描寫，作者說，貴州古爲鬼方，其地產生的「發苗瘋」，使其族「迷信深，進化難」。〔註77〕

　　對於巫師等描述，作者完全持否定態度，認爲其存在使蠻民耗鉅資，廢操作，以從事於媚神之舉。自生至死，對於世界情勢，絕無所知，其環繞於腦際者，惟「巫師」與「怪異之神話」。〔註78〕

　　在作者眼裏，蠻族的「迷信」之神秘性完全是因爲「未進化」、「無知」，於是才將一切自然之物敬爲鬼神。對於獐師的經典，作者如此寫道：

　　　　獐師經典，大半已漢譯；但唱時仍多操獐語，其教義既淺陋，
　　而譯者之程度又低劣，故其詞逐流於山歌小調，東拉西扯，似通非
　　通，殊無何種精彩可言。〔註79〕

可見，作者並未眞正聽懂或深悉獐師經典，卻用當時流行的科學進化觀將原始信仰「去神秘化」，認爲其巫師的行爲是「媚神之舉」，而各種「迷信的集會」，「鬼氣陰森，而莫之能悟也！」〔註80〕如此蠻族如何進入當今民族平等之列才是作者眞正想要關心的。正如黃旭初在序中所言：吾省此類民族，實繁有徒，現正從事開化，使躋於平等，執斯篇以爲治理之南針也可，即以其風俗習尙研究民族之眞諦，亦無不可，質之當世君子，以爲何如？〔註81〕

　　同樣專闢一章將異族信仰稱之爲「迷信」的是毛筠如的《大小涼山之夷族》。此書共分爲種族、文化、生活、職業、家族、社會、風俗、迷信、結論

〔註74〕同上。第 226 頁。
〔註75〕同上。
〔註76〕同上。第 194 頁。
〔註77〕同上。第 194 頁。
〔註78〕同上。第 184 頁。
〔註79〕同上。第 173 頁。
〔註80〕同上。
〔註81〕同上。黃旭初序。

等九章，毛將第八章迷信分爲巫覡、祈禱、禳解、占卜四個部分進行描寫。
與《嶺表紀蠻》相比，毛筠如的表述更具客位色彩，常用「光怪陸離」等主
觀性較濃的詞語，並附有更多的價值判斷，如「教義極淺」等。在迷信部分，
與《嶺表紀蠻》一樣，毛筠如關於迷信每一節的描述極短，並沒有深入描寫
過一個儀式。作者在搜集材料部分，談到資料來源之一爲「中央軍校夷生，
各地有人，以師生關係，問答當不厭煩勞，且決翔實而不敢誑報」，並專門交
代了寫作本書是「以一般未開化之夷族爲對象，以大涼山爲夷族之中心，設
法搜求一般普遍性之材料。」〔註82〕所以作者在對「迷信」描述完之後寫道：

> 綜上所述倮夷之社會，是一純粹迷信之社會也，堅守舊習，不
> 事進化，渾渾噩噩，並無文化之陶冶，亦無科學之可言，故其一切
> 不能不決諸於鬼神而崇尚迷信也。〔註83〕

作者同樣用科學觀念消解了倮夷信仰之神秘性。如此描述，是要從信仰角度
解釋不能開化的倮夷社會。

即使對於佛教，也同樣有迷信的表述。黎光明於1929年到川西地區進行
民族調查。在他寫成的調查報告中，有「迷信之一斑」一節。作者認爲，此
地普通的人並不識字，而只是念幾個簡單的字。代表佛的四部心部（佛部心、
寶部心、蓮花部心、金剛部心）的六字眞言，被作者認爲只是「簡單的幾個
字」而已。其意義是代表幾個神，與信佛的漢人常念「南無阿彌陀佛」是一
樣的意思。〔註84〕最讓作者驚奇的是叩長頭，是「由他們的迷信中所表現出
一種最驚人的毅力」。〔註85〕

對於活佛和喇嘛，作者也盡情地嘲弄，甚至達到褻瀆的境地。作者寫道：

> 他們對於活佛高僧之信仰特深。被活佛或有道的大喇嘛摩一摩
> 頭自然是納福，甚至於西藏活佛的大便摻和於麥麵中做成丸藥，他
> 們朝藏時而食之，都是很榮耀的一件事。〔註86〕

對於康他出示給他看的喇嘛遺物，康他非常重視，並道上面有特別的味
道，而作者卻說，那上面確有一種陳年老汗的特別氣味。〔註87〕如果用局內

〔註82〕 毛筠如：《大小涼山之夷族》，四川省政府建設廳，1947年。第6頁。
〔註83〕 同上。第124頁。
〔註84〕 黎光明、王元輝著，王明珂編校導讀：《川西民俗調查記錄1929》，臺北：中
　　　　央研究院歷史語言研究所，2004年。第67頁。
〔註85〕 同上。第69頁。
〔註86〕 同上。第70頁。
〔註87〕 同上。第70頁。

人、局外人的眼光來看，作者對於考察地的宗教，完全是帶著局外人的眼光來看。在「遊葛昧寺」一節，作者這樣寫到參觀活佛的墓之情形：

> 我們剛一進了這屋子，……氣象淒切萬分，令人毛骨悚然，好像真是有鬼。馬大爺恰站在我們兩個之間，他看見凝戈等撲下去念經，他也撲下去，而且扯著我們的衣襟，要我們也撲下去。我們雖然沒有照他們那樣的撲下去，但經馬大爺暗示之後，我們覺得獨自站在別人撲下的旁邊，有些傷感情，所以我們也隨著馬大爺扯衣襟的力量而蹲下了。〔註88〕

在「寺院」的一節中，作者盡情書寫白教如何的不守教規，公開喝酒，近女色。女僧如何與和尚狎昵。〔註89〕在「遊對河寺」中，也寫到朗日喇嘛如何地與媳婦有染。〔註90〕這一系列的調查記錄都將佛教的神聖性向世俗靠近，同時也透露出表述者完全不相信、不理解，更確切地說是不認同的心理。

3. 自表述的「他性」：本土模仿的順應與修正

上文毛筠如在文末談到搜集材料時說：「作者在夷族中略具信仰，與各支夷人領袖，尚多唔談機會，夷族中優秀豪俊之士，相善而往還者，亦在在有人，本夷生之口述，與考察之紀實，佐以各支部領袖與優秀夷胞之斟酌辨認，潤色判斷，然後付梓，此『大小涼山之夷族』一書，似可認為有系統而詳盡確實之善本。」〔註91〕由此可見，毛筠如的文本混合著本族人的聲音，而文中所提及的「夷人領袖」、「夷族中優秀豪俊之士」應是倮族末代土司「夷人領袖」嶺光電與「優秀豪俊」曲木藏堯。

何以可見？在《大小涼山之夷族》的正文之前有嶺光電的「敬題」與曲木藏堯之「序」，在文字表述中，他們肯定了毛筠如其人、其書，如嶺光電「敬題」就作了充分的肯定：

> 大小涼山有百萬以上的夷胞，他們的心理，值得同情；他們的前途，值得重視，一切的設施，必須因時、因地、因人、因事，以收事半功倍之效。我認定大小涼山夷族一書，是夷族實情的縮影，

〔註88〕同上。第 121 頁。
〔註89〕同上。第 77 頁。
〔註90〕同上。第 113 頁。
〔註91〕毛筠如：《大小涼山之夷族》（編後言），四川省政府建設廳，1947 年。第 7 頁。

請拿來作邊政設計的重要根據吧！〔註92〕

曲木藏堯與毛筠如同是中央軍校成都分校共同訓練大小涼山邊民的學生，曲木對其熱衷於邊事及其對邊事所表現出來的行為非常認同。其「序」言：

> 破除夷漢互相仇視之惡習，招撫各地叛夷投誠，代表政府，導化夷族，瞭解夷族，代陳一切困苦，夷眾感荷不已，當尊之曰阿普阿？（我們的菩薩）漢族同胞有志於邊區者，頗不乏人，然能堅苦卓絕，矢志不移，座立？起行，實事求是而歷久不變者，在餘心目中，實惟有毛君一人耶。……編著「大小涼山之夷族」一書，對於我夷胞之種族文化，社會情形，風俗習慣種種，無不考察盡致……。實為開發邊區，開化邊民之貢獻資料不可多得之作品也。余此次赴京出席國民代表大會，由夷區抵蓉，適逢毛君之著述出版，感佩交集……〔註93〕

對於毛筠如如此細緻地呈現自己族群情況，本土（保夷）知識分子流露出感恩之情。在關於本族的表述中，更可以看出本土知識分子對於官方表述的順應。如果說，官方的民族誌表述具有本土知識分子的聲音，但這種聲音也只是一種「潤色」，一種「添加」或者「修正」，在表述權威方面，誰引導誰，誰導向誰，似乎不證自明。但是在本土知識分子的「自表述」中，「他表述」又怎樣強勢地存在，以致可以影響到本族學者的表述呢？

曲木藏堯的《西南夷族考察記》出版於1933年（其撰寫時間遠遠早於毛筠如的《大小涼山之夷族》）。書之體例範式為：猓夷民族、猓夷民族之生活、猓夷民族的風俗、猓夷民族的社會組織、猓夷民族的文化、猓夷民族之出產、其它事項。為何要用「猓夷」？他是想用此證明，中國民族的狂妄自大。而「夷人」的稱呼，是當地漢人對猓玀的「平常稱呼」，比較客氣的稱呼。於是，曲木修改「猓玀」為「猓夷」，還是保留了漢人「他稱」的一部分，雖然「猓」同樣具有貶義。

有意思的是曲木在「猓夷」民族的風俗部分關於「迷信」的描寫，從這部分描寫可以看出，曲木的調查報告，實為寫給漢人參看的文本：

> 夷族雖無明定的宗教，但在迷信中，亦有宗教的意味。因夷人

〔註92〕同上。嶺光電題記。
〔註93〕同上。文前曲木藏堯題記。

> 迷信鬼神極深，甚爲虔誠。舉凡一切交易，作戰，婚姻，慶弔之類，
> 莫不委之鬼神，可說是多神的宗教，主其事者，爲蠻端公（蘇理）
> 巫師之流，（兵母）祈禱天意之牧師，皆可說是多神宗教的教主教皇，
> 不過沒有一眞正宗教的儀式與組織。〔註94〕

不將自己民族信仰判定爲「宗教」，乃是當時本土知識分子中普遍流行的觀點，因爲不符合當時西方所定義之「宗教」含義。在「蠻端公（蘇理）巫師之流，（兵母）禱祈天意之牧師」一句中，作者將與漢族相對應的稱呼「端公」冠之「蘇理」前，並加上「蠻」字，稱之爲「巫師之流」，可見符合漢族的閱讀習慣與認同。接下來關於迷信的數種分類是：打木刻、雍骨祭、打雞、做和尚、吃血酒、信風水、祈福免災等。在這些表述中，有些已經採用了本族沒有的漢人的或者非本民族的方式來進行表述，比如「端公」、「做和尚」、「信風水」等，〔註95〕對於本族人來講，這些詞均爲外來詞彙。

爲何會有如此表述，作者的「自序」已經爲本書定了基調：民國二十年，中央派余往川滇康一帶，宣化夷族，創設化夷學校，從事文化的工作，領導夷族青年，改良夷族生活，並提倡漢夷通婚，其最大之目的，在於泯除民族界限，打破雙方隔膜仇視之心理，以促成民族的大團結，作西南國防之屏障……。〔註96〕很顯然，這樣的文本不是寫給「夷族」，而是寫給治理「夷族」的漢族人看的，其目的爲了更快更好地共同禦侮，以完成西南的「國家化」進程。

同樣，嶺光電在多篇文章中也提到夷人「迷信」問題，如《邊疆問題：如何接近夷人？》、《倮蘇概述》等。〔註97〕特別是 1947 年發表的《我在夷區實施建設的經驗》一文痛斥夷人的迷信，認爲「世界上迷信最深的怕只有夷人了！他們眞是迷信，莫名其妙的迷信。」在此文中，嶺光電專門寫了一節「把鬼毒死才得安靜」：

> 到人有病、受傷、撲岩、落水，更認爲有鬼，更積極的設法應
> 付。應付辦法是祈禱驅逐捕捉，唯一用品是馬牛羊雞犬豬，直接應

〔註94〕 曲木藏堯：《西南夷族考察記》，南京：拔提書店，1933 年。第 44 頁。

〔註95〕 同上。第 44～46 頁。

〔註96〕 同上。自序。

〔註97〕 嶺光電：《邊疆問題：如何接近夷人？》，《邊疆服務》，1946 年第 11 期。第 3
～6 頁；嶺光電：《倮蘇概述》，《康藏研究月刊》，1947 年第 7 期。第 13～17
頁。

付的是比木（畢摩——作者按）和尚；念夷經、殺牲畜、紮草鬼，
一切事都要當天作完，東西些更是當天吃完。這種消耗便形成了夷
人的貧窮與不進步，需要改良是任何人都感覺到的，任何人都應該
立刻去改革的。我決定改革以後，先在外面買了些藥回去，同歡迎
外間醫藥人士去遊曆，時時向夷人些宣傳，必需使用醫藥。他們當
中除極少數人以外，都不相信，認為自有夷人以來，就是有鬼作祟，
和尚在醫病，現在突然用醫藥是不妥當的！〔註98〕

在這節論述中，嶺光電認為迷信鬼的害處在於：耗散精力、消耗財產：使得
「夷人的貧窮與不進步，需要改良是任何人都感覺到的，任何人都應該立刻
去改革的。」從這些表述中，嶺光電的立場表現得十分明顯，「改良」、「改革」
是他的關鍵詞。並且用「和尚」取代「畢摩」，用「他稱」取代「自稱」，用
科學醫藥取代一切的鬼神信仰的表述，跟當時政府推行的風俗改良運動是非
常合拍的。

　　更有意思的是，嶺光電為了說服夷人，編了一套讓夷人放棄鬼神信仰，
採用科學醫藥治病的理由，故事如下：

　　　　自若干年來夷人地方，不單是夷人了，漢人來了，西番來了，
摩素來了，高鼻子綠眼睛的洋人也來了，可說是非常複雜，他們很
多的死在夷地，或來時就帶了許多鬼，使夷人地方的鬼也如生人一
樣複雜了。他們各有各的語言文字和道理，並且這些鬼也象生人一
樣，本領特別高強，因為這樣，過去比目把夷人鬼對付得了，現在
對付他們卻不行了！第一這些鬼不懂夷人語文和道理，用夷人語文
和道理，同他們交涉，當然不會使他們接受，就接受也怕只限於少
數懂夷情的，所以比目對很多病是沒有辦法了。第二陽間與陰間是
共同進步的，生人現在用步槍機槍，尤其洋人用大炮炸彈，他們的
死鬼當然是一樣的。那麼我們就要想想我們生人用步槍還抵不住用
機槍大炮，用過去戰術勝不過現在方法，那有如比目用陳古八百年
的刀矛盾索等，就想戰勝用槍大炮炸彈的鬼？真不自量力！所以許
多時候，比目不僅不能把人醫治好，連自己也要受危險！第三，死
鬼也如生人，各有所好，各有其用，如夷鬼當然喜歡牛羊豬，漢鬼

〔註98〕　嶺光電：《我在夷區實施建設的經驗》，《邊疆通訊》，1947 年第 4 卷第 8〜9
　　　　　期。第 10〜16 頁。

也許喜歡金子銀子，洋鬼那就只用票子了，你們想想他不喜歡的東西，一定勉強他用，他是不是會滿意？當然不會滿意，所以許多鬼，一遇住夷人打牛打羊來送他，他認為不知禮，便要發怒，把人害死。第四，過去人些來往，完全在走路，現在卻不同了，有的坐船，有的坐汽車，有的要坐飛機。我想鬼些在現在還是一樣的，也有坐船的，也有坐飛機的，那麼他們不會要牛羊了，要了也帶不起走啊！

有此種種，比目在目前是不多行了！〔註99〕

在此段論述中，嶺光電盡其所能，採用許多現代詞彙，舉了許多現代的案例，既讓夷人逃離那個「鬼神的世界」，也讓夷人明瞭夷人以外的世界所發生的變化。更用進化論的觀點，強化了夷人作為弱勢群體的落後形象，認為不跟進現代醫藥，已無法生存。雖然連嶺光電自己也覺得是在「扯謊」，而且「不是醫生會彈不會紡」，但是可以看出，嶺光電對於改革、改良自己民族走上科學醫學道路的決心與用心。

（筆者於 2012 年 10 月 1 日在西昌洛博村訪談的畢摩）

　　在彝族精英的言說方式和民族認同上，李列這樣總結：漢式教育使他們不自覺地帶著漢式思維來表述自己的民族情懷，同時彝族身份又使他們處於一種尷尬的位置：要找到確立民族地位和表達自己願望的最好途徑，就必須和「他者」達成共識，以本民族精英和「他者」的聯合視域來規界本民族的

〔註99〕 同上。

身份和地位，結果是，「他者」還是「他者」，精英卻不可避免地被「他者」異化了眼光。〔註100〕這樣的論說是沒有錯的。不過，在順應漢族表述的框架下，「自表述」也會從許多方面呈現出抗爭與修正。下面僅以石啓貴的「巫蠱」傳說來分析之。

作爲淩純聲學術資料收集的助手，苗族知識分子石啓貴在《湘西苗族實地調查報告》中多處提到「迷信」。一處是關於「其它遺俗」部分，提到「遷居舊宅用牛犁之」的「可怪之迷信」、「官進民房壓倒龍神之迷信」。〔註101〕尤其是作者表述的「巫蠱」迷信，值得分析。

對於淩純聲等《湘西苗族調查報告》中關於宗教信仰之「巫蠱」記錄，石啓貴似乎並不滿意。如何辨別蠱婦，有傳說「眼起紅絲呈網狀形，或近視爛眼，風火雲翳，姿態劣拙，品貌不恭者，誣爲蠱婦。」〔註102〕石啓貴認爲這些都不是事實，在《湘西苗族實地調查報告》中，石啓貴這樣表述：「前中央研究院派淩博士純聲考察，攜帶各種實驗機件，實驗苗鄉男女身體骨骼及眼力，乃悉蠱婦之謬傳，應予糾正。」〔註103〕石啓貴認爲，巫蠱傳說本來就是漢人對苗人的污蔑行爲，而淩博士等獵奇如此行爲，使他們採取大驚小怪的行爲，還展開科學的測驗，而且測驗的結果到底如何也未在調查報告中發表看法，這一過程，石啓貴是很不贊同的。爲何不贊同？還可以從淩純聲在《湘西苗族調查報告》的說法可以看出：「近年以來，地方政府屢次出示嚴禁苗中淫祀，因此跳鼓藏一類的鼓舞，已不常舉行。而苗中稍受教育所謂有識之士，談及他們的鼓舞，常引爲奇恥大辱，以爲是暴露他們野蠻的特性。」〔註104〕可見在政府厲行，科學當道的情況下，這種民族調查會遭到本族有識之士的反對。即使是普通鄉民，也「不容他人有所非議」。所以在調查過程中，調查者感到「遇及困難殊多」。〔註105〕

〔註100〕李列：《民族想像與學術選擇：彝族研究現代學術的建立》，北京：人民出版社，2006年。第412頁。

〔註101〕石啓貴：《湘西苗族實地調查報告》，長沙：湖南人民出版社，1986年。第164～165頁。

〔註102〕同上。第567頁。

〔註103〕同上。第567頁。

〔註104〕淩純聲、芮逸夫：《湘西苗族調查報告》，中央研究院歷史語言研究所單刊甲種之十八，1947年。第202頁。

〔註105〕陳國鈞：《貴州安順苗夷族的宗教信仰》，載吳澤霖、陳國鈞等：《貴州苗夷社會研究》，北京：民族出版社，2004年。第205頁。

可是對於這些流傳已久的巫蠱說法，如何證明那只是漢人的污蔑呢？石啓貴采集了這樣的資料：

石啓貴通過鄉長的口，講了一個似乎很值得信服的故事。講到他去鳳凰縣去見鄉長的時候，鄉長正調解一樁民事。後來鄉長回來，對他詳述了其調解的事由。原來是講寨子裏的一家人中，老人患了風濕肺疾的病，請來一鍋匠，謊稱能醫治，結果未醫治，騙得錢財，同時又下了一個嫁禍於人的判斷，稱其媳婦是草鬼婆（蠱婦），所以導致該伯母生病。結果家人信以爲眞，媳婦於是一直被冤爲蠱婦，直到一個眞正的醫生來「臨室診斷」，謂是某種之鼓脹病，非蠱毒，該婦恢復名譽。〔註106〕通過口述的方式，石啓貴的撰寫讓人感覺眞實可信，不過，故事是眞是假，其實與淩純聲當年調查報告中所撰寫的苗女放蠱的故事一樣，我們現在無從考證，也不是本書所要論述的重點。但是石啓貴在這個故事中到底想要表述什麼，我們是完全可以從故事中得知的。

既然巫蠱的存在不是事實，那麼石啓貴又如何破解巫蠱傳說故事的流傳呢？在講鄉長的故事之前，石先訴說了在人類進化史上，苗民由於地處窮谷，未有知識，還處於需要神明階段：

人類進化，神明日減；智識低愚，迷信日深。所以苗民僻處山
陬窮谷中，未有知識，尤於蠱婦，傳說殊謬。〔註107〕

又借用鄉長的口云：

我鄉間人，知識低下，迷信過深，當事人丟工了日，爲此勸解，
犧牲精神毫無味也。〔註108〕

同樣是采集傳說敘事，石啓貴的表述與淩純聲等人採用的不一樣，雖然石氏也用學術觀點，將巫蠱視爲漢代的巫術遺風，但石更著急於去否認這種事實的存在，並解釋爲何傳說會如此的久遠。更借用了當時所流行的科學與衛生觀念對此加以解釋。「失於衛生，病從口入。」同時，「愚多智少，寡不勝眾，故便成一人傳虛，百人傳是。誠能教育普及化之，人人明禮，具有科學常識，同時政府嚴禁巫醫謬傳，並積極推進醫藥衛生，社會自無其事也。」〔註109〕因此，他認爲，苗民需要科學衛生，石將那些受騙的婦女稱之爲「愚

〔註106〕石啓貴：《湘西苗族實地調查報告》，長沙：湖南人民出版社，1986年。第568
～569頁。
〔註107〕同上。第566頁。
〔註108〕同上。第568頁。
〔註109〕同上。第567～568頁。

婦」,苗民更需要教育。石啓貴用當時官、學兩界所共同運用的「科學」、「衛生」等現代關鍵詞彙來對前面的論說進行回應。在此回應的過程中,石啓貴也表達了苗需要祛除這些巫蠱傳說,迎接當時所謂的科學衛生的新生活。石在批判一種他表述的同時,又順應了另一種他表述,即官方的「迷信論」。

由上可知,學界引入「迷信」一詞後,由於官方的介入,「迷信」一詞,遠離了中性的含義,而成為一個廣義的、十足的貶義詞,尤其體現在官方的調查報告中。原始宗教與巫術,成為一種需要被「破除」的、被否定的、與科學對立的陳舊之物。此種論說及其所支撐的調查文本,成為 50 年代以後,新政府認定其為封建腐朽落後思想的有力證據。同時,相對而言,對於異族宗教的表述,兩種「他表述」也呈現出不同的話語方式:民族學、人類學家的調查報告雖然也用進化論、傳播論的觀點理解異族宗教,甚至偶而也用到「迷信」,〔註110〕但同時也更多地展示了文化的多樣性;官方調查報告卻用「迷信」一詞,同質化西南邊民宗教信仰。這既說明了學術報告與政府報告的微妙區分,也呈現了學術話語與國家話語之間的張力與間隙;既體現在官、學兩界對「打破迷信」一說的不同態度,〔註111〕也體現在知識分子對「新生活運動」的普遍嘲諷。〔註112〕

無論是苗族精英石啓貴,還是上述中所談到的夷族知識分子嶺光電、曲木藏堯等,都與當時進入地方調查的學者、官員有過深入的交往,〔註113〕從

〔註110〕不過,「迷信」一詞還是在不經意中流露出來。如《涼山夷家》中:「從前西部科學考察團和四川省政府施教團入涼山考察之前,先與保頭殺雞宰牛發誓,雙方飲血酒為盟。我們此次未飲血酒,開漢夷往來關係之先例,希望以後考察員不必拘泥於迷信風俗,反阻夷漢文化的流通。」見林耀華:《涼山夷家》(1947),昆明:雲南人民出版社,2003 年。第 111 頁。

〔註111〕汪嶼的《迷信與道德》一文認為,迷信的地位差不多與科學同出一源,如天文學之起源於占星術,化學之起源於點金術……迷信也有益於人生道德。作者舉了數例證明,不應該對迷信抱一切的打倒主義!這樣也打倒了舊道德,舊道德既已破壞!而新道德又無從建設!所以弄到現在,家不成家,國不成國!無法,無天,為現在的社會狀況!見汪嶼:《迷信與道德》,《興華》,1931年第 28 卷第 31 期。第 6~8 頁。

〔註112〕有多人曾發表《為新生活運動進一解》,其中包括胡適,認為其太強調政治性,「過份誇張這種常識運動的效果,說這就是報仇雪恥的法門,那是要遺笑於世人的」見胡適:《為新生活運動進一解》,《獨立評論》,1933 年第 95期,《拓荒》,1934 年第 2 卷。同時,對新生活運動的嘲諷也體現在當時的小說中,如,錢鍾書的《圍城》與沈從文的《長河》中都有描寫。

〔註113〕在周偉洲整理的馬長壽文本中,提到馬氏在調查過程中「三次會晤嶺光電,

他們對信仰表述的順應與取捨中，既可窺見這些受漢語教育的本族精英分子有被國家認同的渴求，也顯示出當時國家話語所呈現的強勢主導力量。

上述論述可以總結為中國早期人類學對人與超自然關係的認知：大多數人，特別是官界的調查報告中，更流行用「迷信」這樣的字眼來表述。原始宗教從形而上被拉到了形而下，報告並從負面的影響對其進行描述，從而導引了大眾對於超自然的認知。規範科學民族誌的宗教分析在整個知識界並不通行，因為即使在學術性分析中，也無法逃離國家及社會語境。比如，在民族學者徐益棠眼中，「『苗徭群』奉巫教，倮夷之宗教，純粹為巫教」，因此提出需要新宗教來「同化邊徼民族」。〔註114〕且不說徐氏並不承認苗徭、倮夷等原始宗教為一種宗教，即使承認，也是將其作為同化他們的一種工具。

第三節　傳統服飾與現代「性」觀念

1. 服飾的「同」與「異」

邊地異族的「迷信」論說成為當時社會認同的主流，強調了其落後的一面，也強調了與現代國民的區分，以致成為中國「拯救」邊地異族論說的一個合理依據。在嶺光電作為本族土司都難以對其族人進行「教化」的情況下，如何將其納入新國民、現代國民成為一大難題。但上述只是從人與超自然的層面進行論述，下面筆者主要從被調查者的身體及其附屬的相關特徵出發，來分析調查者如何對其進行表述，使其與現代國民產生關聯。

關於近代中國國民身體的研究，近年來已引起學界關注，相關議題涉及「身體的文化政治學」、「身體政治」等，〔註115〕其中尤以作為身體標識的纏足、辮子等特徵作為論說重點，強調身體如何在國家與社會運動中發揮作用。〔註116〕其中，黃金麟的《歷史、身體、國家——近代中國的身體形成1895～

每次均在一周以上」，並在報告中時常提及。見馬長壽：《涼山羅彝考察報告》，成都：巴蜀書社，2006年。第3頁。

〔註114〕任映滄：《大小涼山倮族通考》，西康：西南夷務叢書社，1947年。第474頁。

〔註115〕汪民安編：《身體的文化政治學》，鄭州：河南大學出版社，2004年。

〔註116〕高洪興：《纏足史》，上海文藝出版社，1995年。王冬芳：《邁向近代——剪辮與放足》，瀋陽：遼海出版社，1997年。楊念群：《從科學話語到國家控制——對女子纏足由「美」變「丑」歷史進程的多元分析》，收入汪民安編：《身體的文化政治學》，鄭州：河南大學出版社，2004年，第1～50頁。於閩梅：

1937》論述了具有特殊歷史經驗的近代中國身體,如何在客觀的歷史結構下,被國家化、法權化、時間化、空間化。〔註117〕不過,在黃氏的論說中,近代中國的身體,都在社會主體構成的範圍之內,並不包括邊地異族,更別說這裡將要論及的西南民族。黃氏的觀點無法適用於整個中國,因爲裹足與辮子的身體特徵,實在並不體現在邊地少數民族身上。中國身體、新國民到底由哪些構成?雖沒有在黃氏的書中得到討論,但在民國卻是一個重要話題。雖然在 1937 年之前,大規模的西南調查並沒有展開,但邊疆危機早已成爲既定事實。對於當時的學者而言,不僅要從學理上證明邊疆在地理空間上屬於中國,同時也需要證明他者(邊疆異族人群)屬於中國國民,從而達成國族認同。在調查過程中,調查者首先識別出與漢族相較的差異部分,來證明其特殊性,同時又要將作爲異族的「他者」,納入現代國民。因此,在文本中,如何進行表述,是值得分析的關鍵點。

　　差異如何標識?差異涉及到一系列的象徵系統,而這些象徵系統可以通過身體及其行爲標示出來,諸如服飾、婚姻觀念、家庭組織等等。這裡僅以服飾與婚戀觀爲例。在調查者的描述中,這兩方面與漢族相比,均有較明顯的不同。當時的調查者如何表述這些差異,處理這些差異的呢?

　　在關於服飾的描寫中,一般來說,本族知識分子對自己的民族服飾會流露出明顯的情感傾向。如石啓貴關於服飾的描寫:

　　　　男裝:男子衣裳,崇尚古裝,包頭繫腰,跣足跋行。⋯⋯近於苗漢人雜居處亦有喜戴帽子者。身著衣服,概係短裝,對襟少而滿襟多⋯⋯民國以來,較爲進化,對此滾邊繡花衣服已少見之。褲子短大,疏鬆異常。近有剪髮,習漢裝,穿長衫套馬褂者。但爲數較少,不上百分之一。男子均以黑帕纏腰,青布裹腳。也有喜包花裹腳的。一年四季少穿襪。未有洋襪以前,多縫白布襪及藍布襪。若穿了襪子套上麻屨,武夫赳赳,大有蠻風獷悍之氣概耳。

　　　　女裝:女子髮型尚古式,不剪髮,絢獨辮。無論寒暑都包頭,以露髮示眾爲恥也。⋯⋯褲子短,褲腳大,猩繡花邊或數紗邊。此

《一九二七:王國維的辮子——辮子、身體與政治》《文藝理論與批評》2003年第 1 期,第 52~60 頁。侯傑、胡偉:《剃髮・蓄髮・剪髮——清代辮髮的身體政治史研究》,《學術月刊》2005 年第 10 期,第 79~88 頁。
〔註117〕黃金麟:《歷史、身體、國家——近代中國的身體形成 1895~1937》,臺北:聯經,2000 年。

是今日苗族婦女服裝也。有禮裙，長而寬，縫成折疊，下腳邊沿滿
繡花紋，綴花瓣，五光十色，鮮豔美觀。繫於腰上，圍滿下身前後，
行路擺擺之姿勢，風度聘婷。此裙苗鄉仍存，只是在吃牛、接龍盛
大祭典方穿之。故稱禮裙。鞋子繡花……美觀異常。〔註118〕

「武夫赳赳，大有蠻風獷悍之氣概」，「行路擺擺之姿勢，風度聘婷」，「美
觀異常」，此類溢美之詞，出現在本族人石啓貴對苗族的服飾描寫中，而且
未有「奇異」等詞語。甚至對於各種飾品的描寫，也同樣如此，比如銀帽：
此非富者不能制。其造型，無異漢族之鳳冠。銀絲之上端，連綴成一朵朵銀
花，滿植於帽上，搖動如生，勢若要走欲飛之狀。銀皮之上面，有鍍金、有
著彩，閃灼輝煌，美觀悅目。〔註119〕相比楊成志將瑤族婦女帽子稱之為「狗
頭形高帽」〔註120〕實是大相徑庭。

「他表述」在對異族服飾的描寫中，似乎都秉持一種極其客觀的態度，
未將服飾體味為一種「藝術」，是因為民族誌本身的科學性需要，還是因為對
其缺乏認同呢？似乎又都不是。

王明珂將服飾視為一種「社會認同與區分體系」（a system of social identity
and distinction）的反映：服飾是個人身體的延伸；利用此種延伸，個人或一群
人強調自我認同以及與他群間的區分。〔註121〕誰來界定表述這些人的服飾？
在民國時代，人類學調查致力於服飾的描寫，驚奇地發現了異族服飾的不同
特徵：奇裝異服、光怪陸離。但在處理這些奇異的特徵時卻面臨矛盾：既要
識別出獨特的異族，又要將其認同為統一的國民。這種差異與認同如何處理？

凌純聲曾撰寫《民族學實地調查》一文，講到「實地調查問題格」，共分
為 23 類 842 條，其中關於「衣服」類，有 18 個問題，關於「裝飾與髮飾」
類有 25 個問題。從這 43 個問題中，大可得知當時關於服飾的詳細信息。其
中第 181 個問題即是：男女衣服有分別嗎？〔註122〕關於男女服飾有別幾乎都

〔註118〕石啓貴：《湘西苗族實地調查報告》，長沙：湖南人民出版社，1986年。第121
　　　　～122頁。
〔註119〕同上。第123頁。
〔註120〕楊成志：《廣東北江猺人的文化現象與體質型》，見楊成志：《楊成志人類學民
　　　　族學文集》，北京：民族出版社，2003年。第247頁。
〔註121〕王明珂：《後現代的民族文物展示——史語所文物陳列館西南少數民族文物展
　　　　示說明》，《古今論衡》，1999年第3期。
〔註122〕凌純聲：《20世紀中國人類學民族學研究方法與方法論》，北京：民族出版社，
　　　　2003年。第20～22頁。

體現在民族誌文本的撰寫中,因此,族群服飾往往分爲兩類描寫,一類是男性,一類是女性。其撰寫模式體現出兩個特點:第一,關於異族服飾(無論男女)常被總體表述爲「漢化」。第二,關於男女服飾的分別描述中,男性服飾更多趨於漢化,女性服飾更多趨於傳統。

第一,服飾的總體表述爲趨於「漢化」。這種概說式的服飾表述極多。與漢族相比沒有什麼差異的,一般表述爲與「漢人相同」、「與漢人相比,沒有太大的差異」或者「已經漢化」、「差異不大」、「易於同化」。如芮逸夫的調查報告:倮黑人的體質和我國西南邊境的漢人也並沒有太大的差異;略有不同的只是膚色較深罷了。即男子服裝也和漢人相同……倮黑人在生活習俗方面,大都已經漢化;〔註123〕此類表述不勝枚舉。

即便女性服飾傳統特點很濃,撰寫者有時一律統一稱之爲「漢化」,「漢化」成爲服飾書寫較統一的框架模式。如此,女性服飾附屬於男性,社會主體依然以男性爲準繩。以「科學民族誌」《湘西苗族調查報告》爲例,作者在「服飾」一節開頭即說:今日湘西的衣式,無論男女,多大同小異,可說完全漢化。〔註124〕但是,在接下來的描述中,「漢化」顯得模棱兩可,在女性服飾上尤顯證據不足。作者認爲,男子的漢化程度較高:男子以黑布裹頭,青布或黑布短衣袴,黑布帶束腰,跣足。在前清時惟寨長薙髮,餘皆椎髻,今則剪平頭或剃光頭如漢人,所不同者,惟用指甲或鉗子,除去髭頻鬚。今散佈於黔、滇、桂、越的苗族,尚多保存他們固有的服式。〔註125〕作者的意思是,比起黔、滇、桂、越的苗族,湘西苗族的漢化程度更嚴重。但在接下來在關於女性的描述中,作者說:

> 苗婦包頭約分三種形式:盤式,以布盤繞頭上,爲最普通的形式;圓式,包頭環繞成圓形;披式,以布盤繞後餘布尺許披在頭上。包頭布有花格布、青花布、青布、黑布各種不同的材料,年輕婦女,多用花格布、青花布;年老婦人多用青黑二種布。婦女的髮式,已嫁與未嫁時不同。已嫁者椎結後腦,未嫁者額髮中分,結辮垂後。
>
> 苗婦的飾物有項圈、耳環、手鐲、戒指、銀索、銀牌等。項圈

〔註123〕芮逸夫:《顛緬邊境四族小記》,《中國民族及其文化論稿》,藝文印書館印行,民國六十一年(1972年)。上冊。第384~385頁。

〔註124〕凌純聲,芮逸夫:《湘西苗族調查報告》,中央研究院歷史語言研究所單刊甲種之十八(上),1947年。第77頁。

〔註125〕同上。第77頁。

有絞絲圈與排圈之別。前者平時多戴在項上。排圈則合大小三環而成，亦有多至五環者，與今日黔苗所用者相同。其餘飾物，多與漢族婦女所用者大同小異。〔註126〕

顯然，「完全漢化」並不能統攝上述內容，因為所描寫的女性服飾均與漢族迥異，但作者在結尾卻說：其餘飾物，多與漢族婦女所用者大同小異。這樣的描寫，讓人無法知道到底與漢族服飾相比，異多還是同多。或許根本就無法準確地比對。但是最後一句卻弱化了苗漢女性飾物之間的差距。

第二，在對男女服飾分別描述時，男性服飾更多趨於漢化，女性服飾更多趨於傳統。在調查過程中，他們觀察到的現象是，關於服飾，著裝比較單一的男性由於勞動的關係或者其它原因，其服飾大多與漢族服飾相對接，即漢化程度較深。在民族誌撰寫的男女服飾中，大多數男性服飾趨於漢化，可以說是異族中的「異中之同」，女性服飾趨於傳統，可以說是異族中的「同中之異」。這種比較對照都是以漢族服飾為參照。如：

> 川苗的服裝，男子多與漢人同化了，沒有好大的區別，有錢的身著棉布長衫，足穿鞋子和襪子，頭帶瓜皮小帽。貧者則著自製的白熟紗麻布的衣褲，穿草鞋，裹白色或黑色的頭帕。在校的學生則著學生服或中山裝，足著草履，頭髮剪成各種的樣式，不容易分出是苗人或是漢人。惟婦女則尚多守舊，與漢族婦女的裝束不同。頭髮或剃或不剃，年老者頭纏黑帕，少年婦女則終年都戴著帽子，帽子是用細蔑絲編製成的，頂上用梭和馬尾編成細辮，看去好像是頭髮，外面裹著一層黑帕，黑帕之外又是一層挑花的白巾，後面插上二條銅簪。衣服都是大鑲大滾的，長約及膝，袖長及於手腕，衣領則繪有很細緻的花紋。婦女通常皆不著褲，只圍一條裙子，裙有褶縫數百，以印花土布製成，並紮以青線或彩線，非常的美麗。裙外罩一繡花黑色圍腰，束以挑花或織花腰帶，並有飄帶下垂兩旁。膝下則纏以青色或白色裹腿，足穿草履或白襪花鞋，從來沒有纏腳的陋習。

> 川苗的男子不用什麼裝飾品，婦女則統統都帶耳環，富者所用為銀質，貧者則以銅為之，間亦有用銀質項圈及手鐲戒指等者。

〔註126〕同上。第89頁。

〔註 127〕

通過對民國時期方志的考察，也可以看到，在大多數情況下，男子漢化，女子服飾保留傳統。如關於瑤族的服飾：

> 平竹瑤鄉，男子除束髮外與漢人無甚差異，近年來瑤人與漢人接近，已漸去束髮之習，至於婦女裝束，式樣不一。〔註 128〕

> 瑤族……近來亦漸與漢族往來，略改舊日習俗，其男子大半雉髮，女子亦多效法漢裝，已有同化之可能。〔註 129〕

上述的對比分析或許可以很好地說明，在「他表述」中，服飾主要用來區分。不過，在區分中，女性服飾成爲區分的重點，男性服飾基本「漢化」。如果將「服飾」作爲一個文化符號（見本章第一節），那麼，男性的服飾爲正項，因爲與漢人無異。女性的服飾爲標出項，因爲異於漢人。這種標出性的政治隱喻至今仍體現在全國兩會期間或者國慶典等有少數民族參與的節目中，活潑鮮明的少數民族服飾定格爲一種刻板的歷史記憶。

上述文本表述相對而言較客觀，既不帶本族人內心喜愛的情感，但也未有鄙視之描寫。但是帶有官方性質的調查報告，劃出異類，並將其邊緣化的意圖表現得非常明顯，有時，作者的思維方式還受到民國以前對異族書寫的影響。如劉錫蕃的《嶺表紀蠻》。此書出版在 1934 年，即抗日戰爭爆發之前，在本書的「唐序」中，談到劉氏寫此書之原因時說：劉「嘗謂蠻人榛狉不化，使社會形成一種斑形之社會，此等斑形社會，絕對不許存留於今日，尤其是地接強鄰之西南，此問題尤爲嚴重。」〔註 130〕而形成斑形社會的身體之標識即爲蠻苗服飾的「光怪陸離」，劉錫蕃的描述是：

> 凡野蠻民族，最富虛榮心，「畫身」及「文身」之俗，始爲此類民族之普遍現象。至於佩戴唇環、臂環、耳環、腿圈、腳圈之飾品，尤風行於一般野蠻社會之中，此爲研究進化史及民俗學者，類能知之之事。西南蠻族，既未脫出太古野蠻之習慣，自然亦未能軼出此等之法則。其服色譎異，種類繁多，五光十色，幾於不可名狀；

〔註 127〕林名均：《川苗概況：四、川苗的服飾》，《新亞細亞》，1936 年，第 12 卷第 4 期。第 64～65 頁。

〔註 128〕《平南縣鑒二編》卷 4《特種民族習尚》，民國二十九年鉛印本，第 3 頁。

〔註 129〕《陽朔縣志》卷 2《社會·民族》，民國三十二年石印本，第 30 頁。

〔註 130〕劉錫蕃：《紀表嶺蠻》（1934），臺北：南天書局，1987 年。第 3 頁。

就中尤以苗山之婦女最爲奇特。〔註131〕

作者用「太古」的時間概念來賦予蠻苗以「過去」性，爲處於進化論中值得研究的野蠻之階段。「唐序」表示，這樣具有野蠻特徵的蠻苗「絕不允許留存於今日」。但是，內憂外患，國民需要團結的情況下，武力治服已被討論不適宜治邊了。所以，要在國家體系裏容忍異類，以便納入異類使其成爲新國民。爲達到這一目的，形成了最極端的楊森服飾改造，即改苗人服飾爲漢人衣冠。

楊森在主政黔省期間主持邊胞服飾改造。他根據蔣介石的《中國之命運》，認定了既然所有的邊胞同爲中華國族，那麼如服飾衣冠、婚喪禮俗這樣的差異，只是表面的差異而已。因此，在服飾方面，他要求上「中華小學」的夷女，必須換上漢裝，並推行了一系列的服飾改革。正是因爲有上文劉錫蕃那樣的調查報告出場，所以楊森的服飾改革，除了遭到本族人的反對以外，外界也未見有多少知識分子非議。

但楊森等人在貴州推行改裝之後，效果似乎並不明顯，男女服飾依然體現出上述特點，從民國時期的縣志可以看出：

鶉衣百結，藍褸不堪之貧民，觸目皆是。其疾苦情形可概見矣。

至夷胞服式，男子已全部漢化，惟婦女仍沿舊制，雖改裝之宣傳已

久，然實行者寥寥可數，苗胞服式男女均爲舊制。〔註132〕

看來，強力推行服飾漢化並非可行之舉。男性的服飾漢化較重（但楊森所推行的地區男性服飾依然爲舊制），女性服飾依然保持傳統。當然，也有調查者盡力去尋找少數民族服飾與漢族服飾的相同之處，以求證其漢化痕迹。如岑家梧借用很多民族誌調查——龐新民的《兩廣瑤山調查》、劉錫蕃的《嶺表紀蠻》、鳥居龍藏的《人類學上所見之西南中國》、《苗族調查報告》、李拂一的《車里》、曲木藏堯的《西南夷族考察記》、林惠祥的《羅羅標本圖說》等，通過他們調查報告中關於服飾的描寫，總結出：西南民族上衣的形制，大概都是無口無領，只將衣衽向左交疊，腰部以帶束之。稍稍保存唐代女裝的體制。下部多不著褲，而圍以褶裙，裙褶極多。黎族婦女的裙則無褶，著褲是受漢族影響的。〔註133〕但是，這種分析和考證也無法迴避異族女性服飾

〔註131〕同上。第59頁。

〔註132〕饒燮乾：《（民國）鎮寧縣志》鎮寧縣志卷之三，民國三十六年石印本，第939頁。

〔註133〕岑家梧：《西南民族的身體裝飾》，《文史雜誌》，1941年1卷9期。收入岑家

在視覺上的斑駁陸離。

如此一來，本書將要討論的女性服飾，在調查者看來，是跟著男性服飾繼續漢化，還是一直保持傳統呢？

服飾，猶能體現演化過程中過去與現在的關聯。在現代「民族」與「民族國家」（nation-state）框架下，服飾扮演著奇妙的作用。王明珂先生以羌族服飾為例，分析了羌族婦女服飾如何被「民族化」的過程。在其文中，他引用了印度學者帕薩・查特傑（Prasenjit Duara）關於民族主義下線性歷史所劃分出來的二元性，即「世界」與「家」的區分，前者為進步的、男性的，後者為傳統的，屬於女性的，〔註134〕以此來說明，這種二元特性也同樣體現在用少數民族服飾將「漢民族」與「少數民族」作出區分。在同一本書中，帕薩・查特傑也強調，民族主義者們將自己的文化分為物質與精神領域，並聲稱，宗教、種姓、婦女和家庭屬於他們精神領域，這種精神領域長久以來的保持著，並不為殖民所動搖。〔註135〕上述觀點正可為本書的分析提供借鑒。但是，婦女保持傳統的地位在民國時期是否不可動搖呢？婦女是傳統還是現代，誰說了算？

首先來看關於女性服飾描述的特殊例子。

其實，以上分析並不能概括西南女性服飾的所有特質，還有一些「異例」更值得分析，也只有通過這些「異例」的分析，才可知，知識分子對於邊地婦女服飾的表述，並不僅僅停留在「傳統」（此處強調的是差異，傳統是我們現在賦予的詞）的結論。通過服飾上的特異之處，學者們驚喜地發現了更可以用「現代」這樣的詞來形容邊地婦女，而不僅僅是傳統。

著裝傳統的女子，是否就是一種「落後」的國族建構之障礙呢？看如下描述：

> 男子服裝，五猺大概相同，婦女卻互有差別。我這裡描寫只能盡其大概，必不能予讀者以十分明瞭的印象或推想。猺男衣服，與普通漢族鄉下人一個樣式，對襟，五個或七個布紐扣，三個或四個袋子。平常尚黑色，居家時穿白色，平常間中也有穿白的，但喪服

梧：《岑家梧民族學論文集》，北京：民族出版社，1992年。第38～41頁。

〔註134〕王明珂：《羌族婦女服飾：一個「民族化」過程的例子》，中央研究院歷史語言研究所集刊，第六十九本，第四分。民國八十七年十二月。

〔註135〕Prasenjit Duara. *The Nation and Its Fragments: Colonial and Postcolonial Histories.* Princeton, N.J.：Princeton University Press, 1993.

的縫線卻顯露在外面，這是與白色常服不同之一點。猺婦呢，在正
猺及花籃猺都與西洋女子穿的大翻領相近似，腮喉以及前胸之大部
分都顯露著，初初看來，總不免有一點詫異，尤其是巍巍然只掩著
點兒雙乳。衣長過膝，通身沒半個紐扣，只像道士般的將左右兩幅
迭起，用一條帶子在腰部一束便了事。〔註136〕

羅香麗妹
（正中者）

廣西猺山兩月觀察記中所攝照片，作者認為，

女子所著之裝如西洋女子〔註137〕

　　在上述關於服飾的描寫裏，讓任國榮「詫異」的猺女可與西洋女子相較。
但這裡的服飾描寫並非僅止於此，服飾，也是一種思想觀念的表徵。緊接著，
作者描寫了這些穿著開放的猺女很大方自然，「婦女，一字兒排在側廳，目
不轉瞬地飽看著」他們這些外來的人，還偷看他們洗澡。更讓他們驚異的是
這裡的「冶遊」與「易妻」現象（前者是背地裏夫妻雙方都去找自己心儀的
人約會，後者是明理夫妻雙方交換性伴侶），猺人竟能泰然處之。〔註138〕任

〔註136〕任國榮：《廣西猺山兩月觀察記》（1929），華西大學古物博物館收藏。第 14
　　　　頁。未見出版單位。另可見，臺北：南天書局，1987 年。
〔註137〕同上。第 2 頁。
〔註138〕同上。第 55～63 頁。

的考察報告帶回來後，顧頡剛大加讚賞，並否定了自己從前在文獻上看的《八排探猺記談》中對其「過分野蠻與強悍」的記載。任國榮的「詫異」中也流露出幾分讚揚，顧頡剛為其書報告作的「跋」，也並未否定這一點。〔註139〕

　　邊地婦女著裝，更有一種「不穿」上衣的習慣。在莊學本與孫明經拍攝的邊民尤其是康區較熱地區的照片裏，出現了很多上身裸體的婦女形象。「裸體」的表徵是什麼呢？在一些調查者看來，這些「不以為羞」的裸體邊婦正是對前衛「裸體運動」的回應。不以為恥，對應的正是中原士人「以之為恥」的文化邏輯。〔註140〕而「裸體運動」，意味著當時主流社會中少數的前衛分子所認同的「現代」面向。「裸體運動」從德國傳到香港再傳到上海。〔註141〕從1934年到1940年，中國報刊雜誌先後有關於國外「裸體」運動的攝影刊登與報導信息。如《攝影畫報》（50）《南洋奇觀》（11）、《風月畫報》（10）、《三六九畫報》（9）、《東方小說》（8）、《海濤》（7）、《中外春秋》（6）、《滬光》（6）、《良友》（6）、《青青電影》（5）等等。〔註142〕更有介紹裸體運動的專門書籍《裸體運動論》出版。〔註143〕振精神，還康健，是支持者的言論；反進化，開倒車，傷風化是反對者的言論。〔註144〕無論怎樣，當大多數人對「裸體運動」談虎色變的時候，調查者們竟然發現中國的邊地習俗如此「前衛」，實在震撼。如當時的報刊雜誌有許多關於擺夷裸浴的記錄。下面的一幅漫畫就表述了調查者偶遇擺夷裸浴的過程：「我們」在雲南邊地很熱的情況下跳河洗澡，不料誤入有擺夷女子裸浴的河中，擺夷女子的主動與「我」的被動形成鮮明對比，「我」極其尷尬，表現出害羞與不自在。最後，「我們」只能裝起廣播，播放國歌嚇唬他們而逃離。

〔註139〕同上。顧頡剛，跋。
〔註140〕王鵬惠：《失意的國族/詩意的民族/失憶的族/國：影顯民國時期的西南少數民族》，臺灣大學博士論文，2009年。第117頁。
〔註141〕《裸體運動——從原人到文明人（附照片）》，《時代之美》，1934年第1期，第58頁。
〔註142〕筆者搜索《晚清民國的全文數據期刊》得到關於「裸體」話題的文獻來源。括號內為文獻數量。
〔註143〕郁道緘：《裸體運動論》，上海：良友圖書印刷公司，1933年。此書「提倡裸體運動，返回自然，認為這樣可以使生活簡單化，消除階級。」見北京圖書館編：《民國時期總書目》（1911～1949）社會科學（總類部分），書目文獻出版社，1995年。
〔註144〕《裸體運動》，《每周評論》，1934年，第118期，第28頁。

《擺夷風情：滇邊戰地逸話》〔註 145〕

這是否就是一種所謂的「現代」呢？在調查者眼中，如此開放的觀念自然可以稱之爲「現代」的。民國時期《大公報》著名通訊記者范長江，其通訊報導評述備受關注，通訊集《中國的西北角》、《塞上行》風靡全國，其中就有如此描寫：

> 岷江兩岸藏人，藏民男女情歌相合，佳偶「天」成。亦可帶至家中，此可謂絕對自由時代。結婚以後，稍有限制，必在男子默認情形下，始可另尋情人。然而藏人結婚，多係招男上門，不是女子出嫁，而是男子出嫁。家庭系統是母系，不是父系。婦女終身不穿褲子，只是外面一件大長皮衣，天氣熱的時候，或勞動的時候，婦女們上身全袒露出來。這才是最近代的最解放的女性，現在，所謂文明民族，辦到這個程度，還不是短時間的事情。〔註 146〕

「傳統」，並不能完全概括邊地女性服飾特點。而服飾，有時跟思想觀念聯結在一起，共同表述著邊地女性。

2. 現代「性」：邊地「女國民」

　　與身體上的「穿」與「裸」來對應思想觀念的說法，或許可以流通在主流社會，然而對於異族婦女，恐怕帶有更多的想像性成分。尤其是在康區，或者更熱的南方島國，比起寒冷地帶的北方異族，自然裸的成分居多。好在經過考察，就不論及服飾，調查者們也興奮地發現（部分調查者的文本流露），確確實實，僅憑對「性」的態度，他們確實很現代。

〔註 145〕《擺夷風情：滇邊戰地逸話》，《讀者文摘》，1946 年，第 2 卷第 2 期。第 13 頁。
〔註 146〕范長江：《中國西北角》，新華出版社，1980 年。第 29 頁。

　　五四以來，西方性學理論開始引入中國，許多知識分子接觸到靄里斯到弗洛伊德的性學思想，並大力譯介、宣傳。不過，對於中國而言，對性學一直都有兩種相反的態度。潘光旦對靄里斯（Havelock Ellis）性學研究的譯介算是一種正面的肯定；而張競生 1926 年以「性育社」的名義向社會征集並出版的《性史》引起社會譁然，張被譏諷爲「性學博士」或「賣春博士」的現象，算是大眾對超前性觀念的質疑與反抗。〔註 147〕即使對於潘光旦這樣的性學研究者，也流露出過分性自由的擔憂。靄里斯（Havelock Ellis）和弗洛伊德一起，是性科學領域裡最早而且最著名的前驅，但是對於性自由問題，潘光旦認爲，靄里斯所出的民族，是一個推尊個人與渴愛自由的民族，所以他的議論也很自然的側重追求自由。但我們的文化背景與民族性格未必和央格魯－撒克遜人的完全相同，斟酌采擇，固屬相宜，全部效顰，可以不必。〔註 148〕儘管如此，性觀念的程度，還是被用來作爲現代化的一個標杆，尤其是對於「新青年」們，性觀念連帶的婚戀觀，成爲他們衡量一個人在思想上是否現代化的標誌之一。

　　在當時的民族調查中，邊地婦女尤其是擺夷婦女的開放成爲調查者書寫的焦點之一。前文已多處提到擺夷，這裡，有必要再提及其基本情況。擺夷，或曰白夷，或曰僰夷。三國時爲孟獲的部族；東西晉時稱爲僰夷，唐（大詔）稱爲撣族，民國時調查報告中稱呼大多爲擺夷，有時也會以歷史上的其它稱呼喚之……究其實他們稱自己的族名爲「歹」即「自由」的意思。當時的外國調查者在英文書中表述爲 Tai 或 Thai；在法文書爲 Tha，或 Tug，或 Doi 原用其己族的名稱。據當時外國人 Wiliam Clefton Dodd 的調查，擺夷人口約有 2 千萬人，其中使用歹文的占 1375 萬，沒有文字的約占 625 萬。人口集中雲南南部，其中很多報告都提到車里（相當於今西雙版納傣族自治州），在周稱爲白濮或產里；在漢稱爲哀牢；元稱徹里；明置車里軍民府；清爲車里宣慰司；民國初年改爲普思沿邊特別區；至十七年始將特別區改爲八縣治。被外國人稱之爲「東方的自由地」。〔註 149〕

〔註 147〕張培忠編，張競生著：《浮生漫談：民國性學博士張競生隨筆選》，北京：三聯書店，2008 年。

〔註 148〕潘光旦：《潘光旦文集》（第 12 卷），北京：北京大學出版社，2000 年。第 106 頁。

〔註 149〕Ren.J.H.Freeman 著有一書，其名曰：「An Oricnal Land of the Free」（《一個東方的自由地》）。見楊成志：《雲南的秘密區——車里》，《新亞細亞》，1931 年

　　從一些文本中可以看出，最吸引外地人（包括外國人與中國中原人士）目光的，是擺夷女子曼妙的身姿（因著裝凸顯身體曲線的緊身上衣與筒裙）及其開放的觀念。中國流浪作家艾蕪就曾在《南行記》裡寫到，克欽山中的擺夷成為西方人性追逐的對象。艾蕪的《南行記》雖然是短篇「小說」集，但稱其為遊記類民族誌也未嘗不可。1925 年夏天，艾蕪為逃避包辦婚姻，而獨自徒步到雲南，其中關於英國紳士的描寫正是他流浪在緬甸克欽山中當店裡夥計時發生的事情。在《南行記》中，艾蕪講了這段經歷：

　　有個英國的紳士——翻領的白色汗衣，短的黃斜紋布褲子，長毛襪，黑皮鞋。手裡握著手電筒，正把電光一下子放出，一下子關閉，那麼地玩耍著。樣子自然全是歐洲的模型製出的，只是一頭光溜溜的短髮，卻是東方人的黑色，看起來大約是白種人和印度人的混血兒吧。〔註 150〕這樣一個享受著西方現代物質文明的英國紳士，跑到克欽山中居然是為了一個擺夷女子：「I want a girl!」「Where is she 抬 My sweet girl……」店裡老闆不敢得罪。「我」——一個店裡的小夥計，被迫帶著英國人四處找店裡的擺夷女人，「我」故意找到相貌醜陋或年老的女人給他看，結果他很是沮喪。英國人沒有在「我」的幫助下找到心儀的擺夷少女，但是卻被「我」領到另一家店裡，在「我」不知情的情況下，店裡老闆滿足了他的願望，找到了一個 sweet（甜蜜）的擺夷姑娘。

　　在艾蕪看來，英國人的表情是「笑欣欣地咂著嘴的貪饞神情」、「饞涎欲滴」、「獸也似的叫聲」。如此的紳士渴望另一種奇異的、異國情調的性的體驗，而選擇擺夷女子來滿足這一願望，可能也不會是他一時的衝動，似乎是尋找並驗證著關於擺夷女子的傳說。艾蕪記下的這段經歷使人不由得想起薩義德（Edward Waefie Said）的《東方學》，那類「sweet」的、可能也如薩義德所言代表東方的、自然的、自由性的女人。

　　在《東方學》中，薩義德列舉了厭倦西方現代文明的作家們，比如紀德（Andre Gide）、康拉德、毛姆（W.Somerset Maugham）等人，「他們所尋找的——我認為這無可非議——常常是一種不同的性愛，也許是更多一些自由，而更少一些內疚。」而這一切是因為自 19 世紀以來，歐洲的資產階級觀念日益取得支配地位，性在很大程度上被加以規範化的結果：「性在社會中被套上

---

　　2 卷 4 期。

〔註 150〕艾蕪：《我詛咒你那麼一笑》，見艾蕪：《南行記》（1935），昆明：雲南人民出版社，2008 年。第 88 頁。

了一層由法律、道德甚至是政治和經濟組成的具體而令人窒息的責任之網。」〔註151〕於是，東方的或遠離現代文明社會，未被規範化的原始女性成為厭倦西方文明的男人追逐的焦點。

對他者「性」的想像，體現在殖民地對被殖民地人民或西方人對非西方人的描寫中，而這些描寫充滿著書寫者的杜撰與建構。薩義德的《東方學》中已有福樓拜東方經歷的經典例舉。〔註152〕同樣，法農（Frantz Fanon）在《黑皮膚，白面具》（*Black Skin, White Masks*）中也十分精彩地點出意識形態如何影響著觀看的模式以及美醜的區分，在殖民者的眼中，黑人＝生物的、性、強壯、愛好運動的、強有力的、拳擊手、動物、魔鬼、罪惡。〔註153〕法農以實例證明了與黑人性欲獸性說（animalistic black sexuality）有關的迷思（myth），是如何的被白人奴隸雇主杜撰出來，作為其暴虐行為的辯解之道。〔註154〕總之，關於西方描述非西方人的作品，都會有一些身體特徵被附加其上，如淫蕩好色的、獸性的以及頹廢不堪的。〔註155〕

如果上述觀點成立，即東方人在西方人眼中「暗示著豐饒而且暗示著性的希望（和威脅），毫無厭倦的肉欲，無休無止的欲望，深不可測的生殖本能」〔註156〕，顯然，《南行記》中的記錄似乎可以為《東方學》增加一個案例，sweet 的擺夷女在英國人的眼中意味著「性」。

同樣與性有關，但在中國民族調查的表述中，卻體現出完全不同的意圖。實際上，中國人對邊地民族的關於性的描寫有時也同樣充滿著迷思或偏見，不一樣的是，第一，在同樣的偏見中，卻流露了要將之塑造成新國民的急切心態，無論贊同還是反對，邊地性行為與性觀念都成為其與新國民相比較的對照點。第二，在大多數情況下，邊地女性的開放使其與現代國民對接，由負面形象轉換為正面形象。

〔註151〕〔美〕愛德華・W 薩義德著，王宇根譯：《東方學》，北京：三聯書店，2007年。第 246 頁。

〔註152〕同上。第 242～246 頁。

〔註153〕〔法國〕弗朗茲・法農（Frantz Fanon）著，萬冰譯：《黑皮膚，白面具》（Black Skin, White Masks），譯林出版社，2005 年。第 130 頁。

〔註154〕Kathryn WoodwardZ 著，林文琪譯：《認同與差異》，臺北：韋伯文化國際，2006 年。第 130 頁。

〔註155〕〔美〕斯圖亞特・霍爾編：《表徵：文化表象與意指實踐》，北京：商務印書館，2005 年。

〔註156〕〔美〕愛德華・W 薩義德著，王宇根譯：《東方學》，北京：三聯書店，2007年。第 243 頁。

　　首先來看第一點。從區分的立場來看，對邊地異族的性問題確實存在偏見的看法。但這種偏見的基礎是以中國正統的禮儀爲參照點。以劉錫蕃的《嶺表紀蠻》爲例：

> 　　婦女刻意裝飾，必欲藉此達其「名」「利」「色」「愛」之目的，積久又久，遂造成此種五光十色之現象。大抵男女在社交公開之立場上，無論何種民族，對於服色服飾，皆有此等欲求。〔註157〕……無論是軍事、公益、迷信、娛樂的集會，其共同之處在於都含有「兩性上之交際關係」。惟其有此關係，故無論會務以何種條件爲目的，而皆能使億萬之蠻人，有如火如荼，如川赴壑之勢。而男女「社交方面」，「戀愛方面」，「家庭組合方面」，即於此等各種會議層幕之下，醞釀而成。此即其間接所得之結果，而亦各種會議中偉大之潛勢力也。〔註158〕

作者認爲因爲他們沒幹什麼正經事（有關民族國家的大事），因此，從服飾說到集會，作者都將其與欲望聯繫起來。如果此處作者還未作褒貶的話，在第二十章，「娛樂的種種」之「娛樂的劇幕」作者講道：

> 　　苗猺受「種族上」「政治上」「經濟上」殘酷的壓迫，所居之地，又在荒山長谷間，若不尋求相當娛樂，即絕無人生樂趣！但蠻人無高尚思想，於是其所謂樂，遂左傾於性欲方面！關於此點，已述之。惟其如此，所以蠻人遭迴留滯於人類進化之長途中，溺其志氣，促其壽算，其樂愈多，其害愈大，層層劇幕，鬼氣陰森，而莫之能悟也！〔註159〕

顯然，作者的觀念是，此等男女的相戀屬於進化的低級階段，而且因此也無高尚的思想。其主要原因在於，蠻民不知國家，不懂外面的民國世界。所以人生樂趣只在「性欲」。作者在「治蠻芻議」中，提到非常直接的建議：糾正淫俗，革除淫祀淫會，導以正當娛樂。〔註160〕

　　更有意思的是，馬長壽認爲羅夷與苗人性愛觀的不同是因爲，苗人闡揚西方愛神的戀愛至上主義，彝族抑鬱不脫。羅彝有階級分層，而苗族是自由

〔註157〕劉錫蕃：《紀表嶺蠻》（1934），臺北：南天書局，1987年。第59頁。
〔註158〕同上。第92頁。
〔註159〕同上。第173頁。
〔註160〕同上。第288頁。

社會。何以不同？

　　還有一理由，雖比較抽象，然亦頗為重要的，即民族意志一問
題。一戰敗民族或被壓迫民族，其強弱興亡成敗與民族意志之激昂
或消沉，互有關係。意志消沉之民族最易沉湎於人類基本娛樂之酒
色一途。同時，因沉湎於酒色，民族意志因而益為消沉。此種民族
在閒豫時所發展者，亦僅最脆弱之酒色文化而已。反之，意志激昂
之民族則不然。其處心積慮者為民族復興之一問題。對於社會制度
及風尚逐漸亦趨於扶進民族生存鬥爭，減少民族生命斷喪之一途。
由此理由，亦可解釋苗族文化何以在音樂歌舞性愛方面特別發展，
而羅彝則蓄意於武力之邁進，於武器之愛好甚於愛好婦人。〔註161〕

　　劉錫蕃與馬長壽都用「性」、「色」、「淫」及「墮落」等詞彙對異族進行
描繪，這既是因為傳統知禮儀的兩性觀念植根於二者頭腦中，更是因為「性」
似乎並不適於在舉國救亡告急之時去「沉湎」。顯然，在他們看來，「性」更
屬於個人或者那些族群的私生活，而外面的世界、國家的危亡遠遠高於個人
的性或者家庭的婚姻，更屬於「公」的範疇。關於性的此種表述雖然有別於
西方殖民者對非西方被殖民者的表述，馬長壽先生的民族學調查也不是對其
兩性觀念作簡單的批評，但是，因為國家建構的需要，馬氏仍然在闡釋中流
露出猜度與偏見，在他關於彝族尚武且彝男愛好武器甚於婦人的論說中，可
以體察出其對於「力」與「色」的偏重與取捨，「力」對於「公」更重要。

　　正如大多數知識分子在傳統與現代之間糾結一樣，劉錫蕃的文本也體現
出對調查對象的複雜態度。古遺風留存的苗猺「天然沐浴」使劉氏想起遠古
遺風：妙年婦女，亦行之自若。耕鋤之暇，同性三五為群，浮沉清溪碧流間，
撲朔迷離，若隱若現，渾然瑩然，一絲不掛，香濤雪浪，草木皆春。行人至
此，覺萬古鴻荒未劈之山川，得此點綴，亦不寂寞，而不能不謂太古自由之
樂，獨遺於蠻民也！〔註 162〕身為追求進步的作者，卻時常有如此的流露，
但囿於國家現狀，此種想像，也為國難憂患所壓制，所以對「太古」之感情，
未繼續深入。

　　劉氏略顯「曖昧」的表述卻被評論者借題發揮。抗戰爆發的第二年

〔註161〕馬長壽遺著，李紹明、周偉洲等整理：《涼山羅彝考察報告》，成都：巴蜀書
　　　　社，2006 年。第 396～397 頁。
〔註162〕劉錫蕃：《紀表嶺蠻》（1934），臺北：南天書局，1987 年。第 43 頁。

（1938），一篇評論劉錫蕃《嶺表紀蠻》的文章發表在《宇宙風》，其文非常明確地對其兩性觀察部分作出了肯定的回應，認爲蠻夷兩性戀愛及其婚姻已超越了西方：

> 或者我將指爲有「浪漫」氣味的人，我說，在所謂文明社會裏，暫時的文化大體上是墮落的文化，實在沒有什麼可驕傲的。在戀愛生活上，有著文化的社會是最丟人的社會。《嶺表紀蠻》裏所描繪的戀愛生活，又好像其它我所彷彿的原始社會純潔的理想。丟人的事小，兩性生活的墮落，在根本上，即是人類生活的墮落。如果蠻族生活樣樣無可取，至少兩性結合的方式（男女雙方絕對自由，而且全盤純潔）無疑的是一個有希望的社會所應該理想的！東西社會一致的買賣式戀愛和婚姻，是文明人的恥辱，除非文明就是恥辱。至於，新思潮湧入後的中國兩性生活是加速地西洋化了，我想，那必需給予懷疑的（懷疑裏毫無『還是中國老法好』的意思）。蠻族的戀愛生活，琴歌先生說是：「最足稱道」，我說，最足感動！〔註163〕

《嶺表紀蠻》關於兩性觀念的表述，並非代表了調查者的一貫寫法。在較學術性報告中，一般也只是客觀的記錄。在《湘西苗族調查報告》中，淩純聲如此寫道：

> 苗中青年男女婚前的兩性生活頗爲自由，處女與人通者，父母知而不禁，反以爲人愛其女之美，有時，女引其情郎至家，父母常爲殺雞款待。甚有設置公共房屋，專爲青年男女聚會之用者。〔註164〕

接著，作者引用地方志——《永綏廳志》加以引證：八寨苗，於近寨置空舍，男女未婚者群聚唱歌其中，情恰即以牛行聘。又清江黑苗未婚男子曰「羅漢」，春日攜酒食至山上，互相歌舞，相悅者飲以牛角。苗中有跳年、跳月、調秋之俗。青年男女，結隊對歌，通宵達旦。歌畢雜坐，歡飲謔浪。甚至乘夜相悅，而爲桑間濮上之行，名叫「放野」。〔註165〕不過，與前述對巫術的描寫方式一樣，作者因秉持科學客觀的態度，描寫中同樣未對此加以評價。對於邊地異族女性的性、戀愛與婚姻觀念，更多的調查者將其放到正面作評價，特

〔註163〕顧良：《劉錫蕃「嶺表紀蠻」評》，《宇宙風》，1938年，第65期，第185～187頁。

〔註164〕淩純聲、芮逸夫：《湘西苗族調查報告》，中央研究院歷史語言研究所單刊甲種之十八（上），1947年。第94頁。

〔註165〕同上。

別是在民國後期。秉承功能主義民族誌的江應梁,在抗戰爆發之後,發表了
《爨夷民族之家庭組織與婚姻制度》一文,在此文中,江對於「沒有戕賊人
性的貞潔觀念」的爨夷民族大加讚揚,認為原始社會的兩性戀愛與婚姻,有
文明社會裡最理想的婚姻模式。尤其是兩性觀念及其帶來的婚姻制度:

> 若能把今日爨夷民族間的兩性結合情形,從求愛至迎娶以後的
> 大團圓,攝成有聲影片,那將可成為一部富有情趣而兼有歷史學、
> 人類學、社會學的最高價值之巨片。爨夷的兩性戀愛與結婚,中間
> 確實包含著多種民族間的結合方式……自由結合是人類最高理想的
> 婚姻制度,這種婚姻方式,今日雖於最高文明的國家裡流行著,但
> 卻不能說是人類文明的產物,實際卻正是最原始社會中的最原始的
> 婚姻制度。這即是說:此種婚姻制度,今日見之於文明社會裡,同
> 時也可見之於最野蠻的人群中,在文明與野蠻的過渡階段中,便大
> 不以此種結合為然……可喜的是在爨夷現時社會中,尚沒有戕賊人
> 性的貞潔觀念。〔註166〕

可見,在上述調查者眼中,邊地異族的婚戀觀一直延續至「最高文明的國家」
裡。如此,看起來從傳統服飾上被區分的邊地異族女性,可以在文明戀愛與
婚姻觀上與現代中原婦女相提並論,甚至超越文明城市女性的婚戀觀。

　　在 20 世紀婦女解放的呼聲中,被解放的婦女並不包括邊地異族婦女,換
句話說,從部分調查者的表述來看,邊地異族婦女並不需要如漢族一樣的廢
除纏足、打破包辦婚姻的「解放」,因為他們從未被束縛,何談解放?如此的
民族調查至少可以對學界存在的兩種關於女性的觀點進行再審視:第一,婦
女的解放與西方有關而與中國傳統的歷史文化無關;第二,20 世紀之前的女
性一直處於男權社會壓迫下的悲苦地位。

　　對於上述兩種觀點的反駁,學界已有專著出版,並對婦女研究產生了很
大的影響。如香港學者高彥頤(Dorothy Ko)的《深閨之師:17 世紀中國的
婦女與文化》(1995)與西方學者曼索恩(Susan Mann)的《珍貴的記錄:中
國漫長的 18 世紀中的婦女》(1997),兩書都從婦女的能動性方面做了具體的
案例分析,曼索恩還對西方漢學界關於現代中國社會許多現象是接受了西方
觀念而獲得解放的結果之觀點提出質疑,認為此觀點是沒有深入考察中國的

〔註166〕江應梁:《爨夷民族之家庭組織與婚姻制度》,《西南邊疆》,1938 年第 1 期,
　　　　第 32～40 頁。

歷史文化所致。不過,邊地異族女性,兩書中都未提及。

關於中國婦女的研究,值得一提的是陳東原 1926 年在北京大學教育系讀書時始寫,於 1937 年出版的《中國婦女生活史》,作者想表達「我們有史以來的女性,只是被摧殘的女性,我們婦女生活的歷史,只是一部被摧殘的女性底歷史」,〔註 167〕顯然,上述兩部著作──《深閨之師:17 世紀中國的婦女與文化》、《珍貴的記錄:中國漫長的 18 世紀中的婦女》是對其觀點的挑戰。不過,他們似乎沒有注意到,在陳的書中,曾提及「中國之大,風俗不一,所以把邊境及苗猺的事,彙述於此,讀者當亦以爲是婦女生活史中所不可少的材料罷?」〔註 168〕作者在第八章「清代的婦女生活」,描述了幾處特殊的風俗:廣州女子之同性戀、北方之婦長夫幼、甘肅之一夫多妻、金川的風俗、廣西土民的風俗、兩粵之猺俗、荊南之苗俗、瓊島之黎俗等。其中,關於異民族的風俗描寫,作者都引用了相關文獻,提到其性觀念問題,當描寫了荊南之苗俗後,作者寫道:

> 陸次雲曾專有一篇「跳月記」,述苗之婚禮。作者認爲此篇文章把苗人天眞之戀愛描寫得眞妙極了。野蠻人的婚姻都是注意戀愛的,家庭則是一夫一妻的,和西洋人一樣,這一層很可令我們反省。
> 〔註 169〕

作者所提及的清代陸次雲曾著《峒溪纖志》、《峒溪纖志志餘》,所記諸苗蠻種種風俗,實爲一種「誌」。惜乎作者僅止於此,連關於西南異族的傳統文獻,作者也未多引。所以,《中國婦女生活史》中關於少數民族風俗觀念的描寫也未引起後來研究者的重視。作者著書之時,關於邊疆的民族調查中國幾乎還沒有開始,可能無法得知現狀,但作者已注意到野蠻人以戀愛爲基礎的婚姻值得我們「反省」。

「五四」以後,《新青年》等革命刊物關於婚愛自由的呼聲雖然在知識分子階層發揮了一定的作用,但是只有較少數人去嘗試,而嘗試的也有一些如魯迅的《傷逝》樣的結局。對於大多數民眾而言,傳統的根基依然很深。陳在書中論述了有關「五四運動與婦女解放」、「婚姻上的解放與其不足」,提出「性態度急應改革」:

> 社交所以不解放,就是性態度未曾改革的原故。中國雖已有多

〔註 167〕陳東原:《中國婦女生活史》,臺北:商務印書館,1937 年。
〔註 168〕同上。第 313 頁。
〔註 169〕同上。第 311 頁。

數人知道結婚須有當事人愛情的，但一面仍把性的行為看得太重
大，使男女兩性隔離得非常之遠。由於這種態度發生的弊病，比較
由於社交解放產生的，不更大些麼？在性行為看得太重，男女隔離
得太遠的環境裡，男性只認女性為「玩好殖民」的對象，女性不過
是男性圈養的家雞，雖然可以任意把她去宰割，但一不經意時，可
以被「雞扒子」一把粟的引誘而變為人家底鼎鍋的！私通和姦通在
過去的中國還少嗎？現在中國所發生的流弊——粗率的結婚等，也
是從前的弊病啊！兩千多年前的「七歲不同席」、「男女授受不親」
的觀念，表面似乎已經物化了，但他的靈魂，還依然在中國人的心
中作祟。〔註170〕

　　陳所呼籲的似乎都不需在異族婦女上著力。正因為應對著上述有關中國
婦女解放運動的呼聲，傳統所認為的邊地淫蕩好色的婦女形象，被要求現代
化變革的知識分子賦予了「現代」的色彩。如我國著名化學家曾昭掄先生的
遊記作品《滇邊日記》，這樣寫「求愛在擺夷中」：

　　　　關於擺夷女子的生活，過去有許多錯誤的傳說和記載。老實地
說，擺夷女郎的行動，與其說是淫蕩，不如說是戀愛自由。與其說
是原始式的，不如說是近代化的西洋式。是的，誰要真想追求擺夷
小姐的話，他能享受充分的自由和便利；因為在擺夷中間，男女間
的社交和戀愛，是絕對地公開，絕對地自由。但是這種女郎寶貴他
們自己貞節的程度，也和別種民族的女子差不多。平常傳說他們任
意性交，隨便嫁人，全是一些不知內幕的造謠。〔註171〕

　　擺夷婦女身上籠罩著的神秘與傳說，被大多數到西南去的學者睹其風
姿。她們不僅清新、自然、清秀，而且在兩性觀念上，成為新時尚的寵兒，
更多生動的表述體現在遊記、日誌等頗具文學筆法的描寫中。如姚荷生的《水
擺夷風土記》流露出對擺夷自由戀愛的讚美：

　　　　當一個男孩子受到一個姑娘的美的吸引時，並沒有阻止他們迅
速地接近的最初障礙——這障礙是一切高等文明的特點，他能找到
許多機會來表達他的感情。如果成熟到相戀時，就追隨求婚結婚等
習慣的過程。甚至於婚前就達到肉的因素和靈的吸引的融合。因此

〔註170〕同上。第405～406頁。
〔註171〕曾昭掄：《滇邊日記》，瀋陽：遼寧教育出版社，1998年。第83頁。

遠遠的崇拜，神聖的神秘的感覺，或僅被允許看到她的願望是不存

在的。換句話說，在這裡不能有柏拉圖式的戀愛。〔註172〕

不僅如此，在他們的眼裏，山裏的婦女，比起城裏的摩登女性，更適於當時
的社會情境。文明人的摩登帶來了負面的效應，關鍵的問題不是奢侈、浪費
的問題，而是追求摩登已經溢出了國家物質所供需的範圍，洋貨橫行。報上
文章刊登，在崩潰的農村，一般鄉下姑娘，也由布衣面料變爲洋貨了。這樣
趨勢，間接的幫助了外貨量的增加，而使國貨的生產力受了一個很大的打擊。
在帝國主義以金錢武力侵略下，是不允許這樣反動形勢存在的。於是倡導婦
女的服飾應該立即樸素起來。〔註173〕而「山頭」婦女，像摩登小姐一般的，
他們都是剪髮，不過還沒有學會燙。她上身所穿的短褂，也是很樸素，下身
也是繫著一條黑布裙。〔註174〕這是理想國民的一種形象：沒有纏足，思想觀
念開放，同時也具備了樸素的時尚。簡直成爲一種女國民的標準模式了。

　　雖然馬林諾夫斯基將特羅布里恩德島（Trobriand）上野蠻人的性生活與
生物需要相聯繫的觀點並不爲費孝通所贊成〔註175〕，但馬氏認爲這些土人有
與「高級文明人」一樣的愛戀與性生活。〔註176〕連研究性學的潘光旦也說，
原始民族對於性的看法，總是很健全的。〔註177〕對於調查的知識分子來講，
西南民族的女性，政治無涉不要緊，要緊的是她們有成爲現代女國民的特質，
尤其是前衛的現代「性」觀念，實在是值得所謂的「文明人」反省、傚仿。

〔註172〕姚荷生：《水擺夷風土記》（1948），昆明：雲南人民出版社，2003年。第99
　　　　頁。

〔註173〕立民：《小評論——婦女服飾的探討》，《婦女生活》，1933年，第2卷第4期。
　　　　第4頁。

〔註174〕曾昭掄：《滇邊日記》，瀋陽：遼寧教育出版社，1998年。第89頁。

〔註175〕謝立中主編：《從馬林諾夫斯基到費孝通：另類的功能主義》，北京：社會科
　　　　學文獻出版社，2010年。第28頁。

〔註176〕在《野蠻人的性生活》一書中，馬林諾夫斯基這樣描述：土著人和我們一樣，
　　　　愛的突然降臨，來自美和個性的第一次震撼。起初有種種因素阻礙情人之間
　　　　發生迅速的性親昵，這是所有高級文明的共同特點，我們賦予心上人難以估
　　　　量的美德，把他或她置於靈光之中和神秘的渴求之下。對於男人來說，他們
　　　　的創造性相像超越了他們對現實的實際感受，這種癡情完全可以導致白日夢
　　　　和在戀愛關係中的過分羞怯。如果好感發展成彼此間的愛慕，事情就會進入
　　　　習慣程度：求愛、訂婚、結婚。見〔英〕馬林諾夫斯基著，高鵬、金爽譯：《野
　　　　蠻人的性生活》，北京：團結出版社，2004年。第186頁。

〔註177〕潘光旦：《潘光旦文集》（第12卷），北京：北京大學出版社，2000年。第6
　　　　頁。

自由戀愛，開放的性觀念在調查者看來自然是文明社會的理想狀態，調查者的褒揚俯拾皆是。姚荷生都快樂地去參與「約騷」（擺夷男女約會）行動。對於他們，其喜悅心情流蕩於文字之間：

> 「原始共耕制度下的擺夷，人人都是豐衣足食，樂天安命；
> 沒有飢寒的威脅，沒有富貴的擾心，所以他們盡情地追尋一切的歡
> 樂。」「自由、互助、純眞的愛……這些文明人士所晝夜追求的理
> 想，在這裡是隨處存在著。」〔註178〕

美國漢學家宇文所安曾這樣研究民國時期對傳統的觀念：民國時期對「傳統中國」蓋棺定論，在文學史上出現了「傳統文學」與「現代文學」的劃分，現代革新派知識分子對傳統頗爲失望。〔註179〕顯然，宇文所安的觀點也僅適用於當時的社會主流。如果將當時少數民族女性稱之爲「傳統」的話，這樣的「活態傳統」對於現代革新派知識分子而言，並非是失望，反而是希望與驚喜。

3. 現代還是傳統？──被表述的「現代性」

現代的問題也表現在其它社會運動方面。以清代的戒纏足運動爲例，運動的本質是什麼，廢除裏足，是爲了國權的興亡或國體的打造而發動的身體改造運動，因爲憂懼婦女裏足可能導致弱國弱種的論調，並不是以婦女的身體權益作爲最高考慮，也不是以美學的標準作爲反省的基點，而是以國族的興亡作爲唯一的考慮。〔註180〕同樣，鼓勵婦女參加政治活動，並非是因爲考慮到婦女從前在政治中的地位問題，而是因爲女性，同樣要成爲關注國家命運的「女國民」，不要成爲國家前進道路上的羈絆。而主動參與政治的女性，更是值得鼓勵。

西南夷族婦女在政治活動中表現突出的，首推夷族土司代表高玉柱。1936年6月至1937年7月，作爲「西南夷族駐京代表」，她多次赴上海請願。抗戰爆發，她又出任「西南邊疆宣慰團少將團長」一職，可謂夷族中的女中

〔註178〕姚荷生：《水擺夷風土記》（1948），昆明：雲南人民出版社，2003年。第164、253頁。

〔註179〕〔美〕宇文所安：《過去的終結：民國初年對文學史的重寫》，見〔美〕宇文所安著，田曉菲譯：《他山的石頭記──宇文所安自選集》，南京：江蘇人民出版社，2006年。第257頁。

〔註180〕黃金麟：《歷史、身體、國家──近代中國的身體形成1895～1937》，臺北：聯經，2000年。第49頁。

豪傑。高在上海多次演講，也被媒體多次報導，其中有一篇這樣描述：

> 高女士裝束入時，精神飽滿，秋波凝水，顧盼自若，態度舉止，
> 與吾炎黃子孫了無異處。惟色澤似較黝蒼，或係萬里奔波，風塵僕
> 僕，偶然之現象耳。然以地域俗尚測之，則膚色之深淺，又似爲意
> 中事。而黃種民族，則一望便知，實爲不可掩飾與磨滅者。〔註181〕

雖然這裡並沒有特別提到邊地婦女的「摩登」〔註182〕特徵，但從「他表述」
的視角看，高的族性特徵都不太明顯，也不重要，更別說女性特徵，最重要
的是具「炎黃子孫」的精神、舉止，膚色較黑有些不像，而所居環境不一，
可稍作解釋。由此可見，裝束入時的高玉柱，儼然已經是炎黃子孫、現代國
民。高在運動中表現突出，政治覺悟高，也關注本族的前途，在很多方面已
超過了許多中原婦女。

　　無論是入時的裝束，還是主動參與政治等行爲，高玉柱都體現出邊地現
代女性的形象。但是，與那些裸浴、自由戀愛的擺夷女子比起來，高是自覺
地認同並趨於現代（漢人所認同的現代）。這種行爲也只是發生在少數民族精
英或民族有識之士人物身上。〔註183〕

　　然而對於自由自在，從未離開過本地的邊民，調查者將其表述爲「現代」，
卻是一種典型的被表述。

　　還是以性觀念爲例。當時的各種文本都可以看到性解放這一呼聲的痕迹。
除了前面所提到的雜誌報刊上的裸體及性解放話題，文學作品以欲望與性的文
字描寫，也作爲性觀念解放的傳聲。潘光旦認爲，文學讀物在性教育方面的影
響之深且大，要遠在那些專論性衛生的書籍之上；性衛生的書，無論寫得怎樣
好，總只能就狹窄的性的範圍說話，而顧不到性和其它生活方面的錯綜聯貫的
地方。〔註184〕但在王德威看來，清末至五四以來的文學作品，都喜歡將情慾論
述理論化，只有以西南湘西純樸性愛爲題材的沈從文不太一樣：

> 「保守」的沈從文在一系列詳細作品裏，將妓女舟子毫無禁忌
> 或者奢望的肉體愛戀，講中盡瘋癲狀態後的性欲力量，信手拈來，

〔註181〕薛明劍：《夷族「土司」代表高玉柱女士之演講》，《人報》，1937年2月7日。
〔註182〕王鵬惠：《失意的國族／詩意的民族／失憶的族／國：影顯民國時期的西南少
　　　　數民族》，臺灣大學博士論文，2009年。第125頁。
〔註183〕民族精英主動現代化的例子很多。比如許多文本中也描寫到曲木藏堯、嶺光
　　　　電以及有錢有勢的土司穿著及生活用具上。
〔註184〕潘光旦：《潘光旦文集》（第12卷），北京：北京大學出版社，2000年。第82
　　　　頁。

不滯不黏，感懷自在其中。在他貌似靜謹的抒情敘述下，我們容易
忽略這位木訥的「鄉下人」真正前衛激進的性愛立場。〔註185〕

看起來「保守」（意味著傳統）的沈從文卻有著「真正前衛激進的性愛立場」，
算是王德威對沈從文的新論。對於沈來說，這樣的評價是對還是錯呢？沈從
文作品中所體現出來的「性愛立場」是否就是應和著「五四」性解放的呼聲？
漢學家金介甫也說道：

> 沈從文還在他的作品中，用對性愛的價值觀來歌頌湘西。「五
> 四運動」時期的知識分子幾乎全都反對家庭包辦婚姻，沈比他們走
> 得更遠。
>
> ……
>
> 沈主張性愛自由的原因，自然不是因為他是湘西人，也不是來
> 北京後對性愛有什麼體驗，主要原因是他吸收了西方變態心理學的
> 理論……〔註186〕

承認「沈的愛情故事並非完全來自想像，而是在作品中把愛情主題和鄉土文
學緊密結合在一起的」金介甫也認為，沈的寫作來源於一種更「反抗」傳統
的「現代」寫作姿態與更西學的理論素養。

　　然而，他不是想要「現代」，而是要在現代社會中尋找一種「回歸」。作
為「鄉下人」的沈從文，他書寫了另一種不為當時沐浴現代文明的知識分子
所知道的「真實」，這種「真實」，他可以「信手拈來，不滯不黏」。如果我們
非要用「現代」與「傳統」這樣的詞來形容，那麼對於沈來講，這就是傳統，
而不是前衛的現代。沈從文曾是李霖燦的老師，他曾經非常贊同李到雲南搜
集民族學標本的行為，並將其寫在作品《虹橋》中。〔註187〕實際上，沈從文
的小說也極具人類學性，目前也有學者對其作品進行人類學分析。〔註188〕如
此看來，所謂的前衛，不過是被表述的前衛，是學者們站在現代知識分子的

〔註185〕王德威：《如何現代，怎樣文學？——十九、二十世紀中文小說新論》，臺北：
　　　　麥田出版，1998 年。第 188 頁。
〔註186〕〔美〕金介甫著，符家欽譯：《鳳凰之子：沈從文傳》，光明日報出版社，2004
　　　　年。第 214～215 頁。
〔註187〕李霖燦：《西湖雪山故人情：藝壇師友錄》，江蘇：浙江大學出版社，2010 年。
　　　　第 170 頁。
〔註188〕何小平：《沈從文本土文化闡釋視域的人類學分析》，《吉首大學學報》，2006
　　　　年第 6 期。

角度對其賦予的溢美之辭。

但是，這些研究者並沒有看到他們的「傳統」，對於邊地異族女性來講，可能是千百年來的習俗與觀念，卻被表述，被他們看成為「文明」與「現代」。這即是他們之所以驚喜的原因。對於邊地異族而言，為何是傳統？因為從明清以來的方志文獻可知，無論是裸體、裸浴，還是被表述的性觀念開放，都不是 20 世紀才有的事。如：

> 《（萬曆）秀水縣志》：裸夷不戒，萬曆再紀，里戶不戢。〔註189〕

> 《（光緒）廣西通志輯要》：見男女裸體而渡，驄惻然曰：此令之過也，遂率民往築鷩。〔註190〕

他們的裸體、裸浴跟「回到自然」、「裸體運動」無關。《良友》雜誌曾有人講出了真話：「華氏表九十八度：衣裳是為冬天而做的，把衣裳脫掉吧，不是為了「回到自然」，不是為「裸體運動」，熱這是唯一的原因。」〔註191〕也許，這樣的表述，更符合本地人裸露的心理。

但是，關於性觀念及男女社交部分，民國前後的表述卻不一樣。從方志考查：民國以前，男女自由戀愛，性觀念開放，大多被描述為「淫亂」，並認為其不知禮儀，需要教化：

> 《（康熙）雲南府志》：今愚民不知禮義，男女污雜以為滛祀，豈不哀哉！負神多矣，今欲刻諸堅石，以明神之英烈，以禁男女之滛亂，以明愚民之滛祀，豈不美哉。遂遣使不遠千里特求文於予，辭不獲命，以表牛公之用。〔註192〕

> 《（乾隆）西藏志》：西藏風俗鄙污，人皆好佛貪財，不以淫亂為恥，不知臭穢，輕男重女。〔註193〕

> 《（雍正）廣西通志》：向有唱歌之習，屢經示禁，並諭地方官勤宣教化，廣為諭曉，務去此淫亂之風，共臻禮義之化，近年亦已

〔註189〕明·李培：《（萬曆）秀水縣志》秀水縣志後序，明萬曆二十四年修民國十四年鉛字重刊本，第 645 頁。

〔註190〕清·沈秉成：《（光緒）廣西通志輯要》廣西通志輯要卷三，清光緒十七年刊本，第 6985 頁。

〔註191〕作者不詳：《良友》，1934 年，第 90 期，第 1 頁。

〔註192〕清·張毓碧：《（康熙）雲南府志》云南府志卷之二十，清康熙刊本，第 2035 頁。

〔註193〕清·允禮：《（乾隆）西藏志》西藏志，清乾隆刻本第 79 頁。

稍減。〔註194〕

　　同樣從方志考查，到了民國，淫亂之說減少，「自由戀愛」之說出現更多：

　　　　《（民國）馬關縣志》：娶妻不以媒，每自由戀愛而得之，俗滛
　　而善歌。〔註195〕

　　　　《（民國）鎮寧縣志》：苗族禮俗。一、自由戀愛名向月亮，每
　　逢月色清明之夜，達到婚□□□之男女，乃實行其戀愛生活之時機。
　　〔註196〕

　　可見，從「淫亂」到「自由戀愛」，如果用前文所說的「標出性」來看，這正是標出性的「歷史翻轉」，〔註197〕這種翻轉正是因為主流社會對文化或文明認知發生了變化，導致了對女性行為從一種被表述到另一種被表述，隱含著調查者表述目的轉換。從前的淫蕩，被修正為現代，現代意味著進步，意味著可以將其團結為新國民。

　　被表述的現代性，有時候也體現在邊地女性與現代都市雜誌的關聯。臺灣學者王鵬惠，專門分析了民國時期被拍攝的猓夷女子。「新西康專號」上莊學本於 30 年代拍攝的封面少女——羅羅少女，被《良友》第 158 期作為封面人物。《良友》大多以現代女性的作為封面人物，而處於邊地的羅羅少女卻被搬上封面。搬上封面後的羅羅少女出現了柳眉、胭脂、唇膏，這些都是對原拍攝照片進行的再次加工。〔註198〕這種「摩登的改裝」顯然是一種被表述的現代性。另外，拍攝者也贈與當地女性一些帶有現代都市女性圖片的雜誌。從這些細微的舉動可以看出，媒體上邊民的刊登起到一種溝通的作用：使邊地女性現代化（包括知道中國「文明」城市發生的事情及民族大事），成為他們行走邊疆拍攝邊民的目的之一；同時，將其帶回都市，不惜進行現代化改裝，是想讓更多民眾接受邊民，因為他們也是「我們」的國民。在中國，現代化運動帶有非常強烈的國家意志色彩，並且是通過社會動員的方式來達到

〔註194〕清·金鉷：《（雍正）廣西通志》廣西通志卷一百十九，清文淵閣四庫全書本，第 10260 頁。

〔註195〕張自明：《（民國）馬關縣志》風俗誌，民國二十一年石印本，第 220 頁。

〔註196〕饒燮乾：《（民國）鎮寧縣志》鎮隣縣誌卷之三，民國三十六年石印本，第 990 頁。

〔註197〕趙毅衡：《符號學》，臺北：新銳文創，2012 年。第 367 頁。

〔註198〕王鵬惠：《失意的國族／詩意的民族／失憶的族／國：影顯民國時期的西南少數民族》，臺灣大學博士論文，2009 年。第 112～113 頁。

的。〔註199〕此例，實在可作最好的說明。

另外，作者也在照片的說明中強調邊地婦女與現代性的關聯。如莊學本說，青海土女夏日所載竹製涼帽，與近今巴黎最時髦者無異。已婚婦女髮式之一種，腦後裝飾如扇，有西班牙之風。

莊學本攝〔註200〕

隨著整個中國現代、民主觀念的高漲，被表述的「現代性」，逐漸作為女性的自覺主張，努力追求自身的進步。尤其是有些知識，略見世面的婦女更是如此。現代著名作家，活躍在二次大戰歐洲戰場的中國記者蕭乾，曾遊歷西南，並留下多篇散文。其中，作者寫到 1946 年在昆明去圍觀昆明小姐選撥賽的場景，其中有對滇女們的描寫。先看選撥賽時主席發言：

> 民國以前，婦女是被男子壓迫了數千年，綁小腳，講三從四德，
> 處處不容我們婦女呼吸。民國以後數十年，婦女被男子玩弄了數十
> 年。被壓迫，我們終於尚知反抗。被玩弄，可就更不易翻身。因為
> 人總是人，穿好的，吃好的，又出風頭，誰不愛？然而這個當可上
> 大了！於是，什麼獻花發獎，招待東洋貴賓，由我們來幹；軍政大

〔註199〕此觀點來源於楊煦生：《國學與漢學》，燕山大講堂，2011 年 4 月 20 日第 106
期。參見網頁 http://view.news.qq.com/zt2011/ysdjt106/index.htm
〔註200〕莊學本（攝）：《良友》，1936 年，第 120 期，第 18 頁。

事，公務私業，由他們男人包辦！婦女要爭平等，必先有平等的職
業能力，從而爭到平等的經濟地位，使我們一樣可以拍胸脯說，大
婦女，富貴不能淫，威武不能屈。〔註201〕

由於時間關係，作者只聽到兩位推薦人的演說，一位是一個非常老憨的村女
提了榮藍用滇腔推薦她的姑媽，姑媽原給別人當丫頭，自己逃跑出來，跑到
工廠裏作女工。後來政府革新，有了義務教育，考上了學校，畢業後又考上
了蠶桑學校。最後姑媽站出來，是一個三十五六的鄉婦，衣著樸素，很靦腆
地向主席說：我穿的袍子便是我親手養的蠶子吐的絲，絕不是外國貨。

　　另一個推薦人是雲南婦女社會教育會的會員，推舉的是該會巡行教育
車隊的一個女司機張大嫂。張大嫂是他們駕車隊的嫻熟女司機。吃點粗，
睡的苦，她全不怕。她只要什麼倮倮苗子全變成中國國民。張大嫂一亮相，
原來是身長七尺有餘，體闊於哼哈二將，黝黑的臉上，是一片和祥的笑容，
雙手抹嘴，爽快的說：「天不謝，地不謝，單謝中國營養趕上了世界標準」。
〔註202〕

　　可以說，這是中國歷史上第一次出現如此平民化的選美。〔註203〕清末
民初的選美，也是煙花女子而非良家婦女可參與。在作者詼諧的文筆中，透
露出這樣的信息：看起來是選美，但不過借選美的契機，表達女性爭取平等
的國民權利。其具體意義在於：第一，婦女要爭取與男子平等的地位，體現
了女性解放的覺悟；第二，讓「倮倮苗子全變成中國國民」，即是爭取各民
族平等的國民觀；第三，選美平民化的競選詞，意味滇女已知男女平等、中
國各民族平等的觀念。可見，當時的昆明滇女，已有相當的現代婦女觀念。

　　近年來，西方學界流行這樣一種觀點，即少數民族身份是被製造出來的，
而國家的政治權力話語主導了被製造的過程。如美國學者杜磊（Dru C.
Gladney）認為，通過展示少數民族女性的一些特性，中國藝術家製造了一種

〔註201〕蕭乾：《神遊大西南》，見蕭乾：《從滇湎路走向歐洲戰場》，雲南人民出版社，
　　　　　2011年，第225頁。
〔註202〕同上。第226～227頁。
〔註203〕清末民初，上海灘就搞過選美，當時叫出花榜、選花魁，後來叫花國大總統、
　　　　　副總統之類，參加者多為煙花女子。當然，同為1946年，最轟動的不是昆明
　　　　　而是上海小姐的選舉。和今天各種大行其道的選秀活動所不同的是，上海小
　　　　　姐選秀最初的目的是為了募捐賑災，它的幕後操手就是上海灘上鼎鼎有名的
　　　　　杜月笙。由於昆明選秀發生在戰爭中的西南邊地，以至於在歷史長河裏被掩
　　　　　埋，鮮為人知。

區分於他們自己的、被異化的少數民族女性形象。通過分析 1992 年紀錄片《古今風俗奇觀》展示的許多女性特徵，如裸露的胸部、大腿等鏡頭，作者指出，異族女性經常被表述為「戀愛自由」、「性開放」等。「苗族少女，裸體相睇！」實質上是與大城市懂禮儀的和諧戀愛、婚姻與性生活相對比，目的在於與現代文明人進行區分。同時，作者又舉出電影《青春祭》如何將傣族異化、情色化表述。〔註 204〕作者還談到，當代雲南畫派的藝術家們，也喜用固定的色彩，奇裝異服與性愛等表述方式，將少數民族女性物化，從而使他們失去個性與主體性。最後總結說，這些中國藝術家們從事的是一種自摩爾根、博厄斯及其早期的歷史進化論所建立的人類學事業，他們預設了一種原始人的「普遍心理」，從而模式化地去表述少數民族女性，特別是他們的性愛。〔註 205〕

以上說法有一定道理。但是，作者是否同時關注了傣族、苗族女性本身的傳統（雖然，傳統只是我們現在賦予他們的詞彙）習俗呢？藝術家們表述的根基是什麼？如果我們回到民國時期的調查文本，會發現，對擺夷（傣族）等少數民族女性描述，雖然會呈現一種不同於我們的區分，但是僅用區分來概括卻遠遠不夠。有時，不同於我們的異族女性，甚至被表述為不屬於我們一樣的「傳統」，而是「現代」的。雖然也是一種被表述，但這種表述不是要將其異化、排除，相反，而是要將其歸類為新國民。

只是，值得反思的是，從此以來，擺夷（民族識別後的傣族）少女一直被作為現代性的符號，被主流社會運用。1979 年 10 月，畢業於中央美術學院的袁運生參與首都機場壁畫創作，當其作品《潑水節——生命的讚歌》在首都機場出現時，人們排隊觀看。畫中因大膽繪入三個沐浴的傣家女裸體，被稱作「真正意義上的改革開放。」然而壁畫的出現卻引來了眾多爭議，以致上昇到政治層面，因此這次事件被稱作「壁畫事件」。其實，爭論的焦點依然與民國時期一樣。不贊同的本土知識分子仍然覺得這種表述手法是諷刺自己民族的落後，是衣不蔽體的野蠻；而贊同者認為這是中國藝術開放，改革開放的現代化表述。〔註 206〕在他者的表述中，我們依然可見少數民族女性被作為符號來標識「現代」與「開放」。

〔註 204〕Dru C. Gladney. Dislocating China: *Muslims, Minorities and Other Subaltern Objects*, Chicago：University Of Chicago Press, 2004.pp62～64.

〔註 205〕Dru C. Gladney. Dislocating China: *Muslims, Minorities and Other Subaltern Objects*, Chicago：University Of Chicago Press, 2004.P72.

〔註 206〕《壁畫背後》，見證·影像志，2009 年第 202 期。臺灣青年學者王鵬惠為筆者提供此信息，特此致謝。

網上出現的《潑水節──生命的讚歌》線描稿拍賣〔註207〕

北京老候機樓餐廳三樓的壁畫
《潑水節──生命的讚歌》最引爭議部分〔註208〕

〔註207〕1979 年作，《潑水節‧生命的讚歌》線描稿（局部）http://auction.artron.net/
　　　　paimai~art69830026/此圖估價：18,000,000～28,000,000。
〔註208〕《22 年前壁畫風波　女人體首次現身中國公共場所（圖）》，《北京青年報》，
　　　　2001 年 3 月 9 日。

當代充斥各地淘寶店的傣女蠟染、十字繡大多無人問津〔註209〕

　　然而，無論是帶有貶義的「區分」於「我們」的「性開放」、「男女交往隨便」等，還是被「我們」所褒揚「認同」的「自由」、「現代化」等，不都是「我們」作為調查者、觀看者的表述麼？下筆千言，「我們」都沒有離開自己所要的主題。「我們」到底要什麼？西南調查先行者的大段表述，值得一引：

　　　　就車里十餘萬擺夷來說，他們名譽上雖歸入我國版圖有六百多年的歷史，然至今尚通行其己族的語言和文字，信仰印度的佛教，服從土司的威權，具特殊的社會組織和生活的方式，恰與中國文化分道揚鑣，好像一個半獨立國一樣；且其人民性愛和平，尚自由，能互助，外國人稱為「東方的自由地」，這是多麼有趣一塊地方呵！與國界──車里居雲南的南部，東部及東南界法越，西南界英緬，面積十餘萬方里，得不夠兩個人口。富饒之區，竟成荒蕪之域，我國人若置若罔聞不加愛護，多麼可惜！然而英法兩國正在垂涎三尺

〔註209〕筆者截圖網址：http://s.taobao.com/search 抬 stats_click=search_radio_all%253A1&js=1&initiative_id=staobaoz_20140713&q=%B4%F6%D7%E5%B9%D2%BB%AD&suggest=0_1&wq=%B4%F6%D7%E5%B9%D2&suggest_query=%B4%F6%D7%E5%B9%D2&source=suggest&tab=all&promote=0&bcoffset=4&s=44

啊！英兵強搶了我們的片馬和江心坡，大發其得寸進尺的帝國侵
略；法國築成了滇越鐵道，其併吞雲南的野心，昭然若揭。呵，車
里已成了英法相持的鵠了，多麼危險哩！你看英法兩國接車里的重
衝地方，俱駐有重兵保守，回觀我國有殖邊之名，而無置邊之實，
既少訓練的邊戍，又無能幹的邊吏，一旦有事，安能自守？這何異
於自打開其門戶歡迎敵人來攻麼？

……

擺夷民性因凡事愛和平，不尚武力，故有特殊議會產生；因尚
自由，不妨礙他人，故形成了安定的社會秩序；因能互助，不事爭
奪，故有原共產社會的遺留……這種美滿的社會制度，恐怕在世界
上無論何民族是很難找到的！至於物產，有著名的普洱茶，有樹膠，
冰片和樟腦，有金銀銅鐵錫的豐富礦苗，假使交通便利，何難成為
膏腴之地？現在置邊的呼聲，已一天高似一天了！可是能夠去實行
工作的人，到底找不出有多少個！我以為像這個秘密的車里真值得
我們開闢的！〔註210〕

在當代學者王明珂的反思性研究中，經常會提及「何為中國」、「何為國
民」等問題。何為「國民」？在他的「民族與反思性國民認同」中提到，在
20世紀上半葉，「國民」（citizen）與「民族」概念同時進入中國，也隨著邊
疆地理與民族考察而進入中國邊疆——造「國民」與建構「民族」同時進行。
然而，建「民族」易，造「國民」難，在他看來，造「國民」是近代中國之
民族國家建構的未竟之功。〔註211〕民國時期，西南少數民族第一次被濃墨
重彩地作為「國民」表述，說是褒揚認同當是情境中事。然而，從「壁畫事
件」看來，濃墨重彩的「國民」表述有些矯枉過正。造「國民」之難，其中
就在於不懂被造之「國民」，造「國民」只是一廂情願的「他表述」。這樣的
「他表述」一樣具有自我想像或對異己建構的成分。馬林諾夫斯基說：

特羅布里恩德人的兩性關係十分隨便，這只是表面的看法，事
實並非如此，其實限制很多。闡明這一問題的最好方法，就是按時
間順序描述一個男人和一個女人從童年到成年的成長過程的各個階

〔註210〕楊成志：《雲南的秘密區——車里》，《新亞細亞》，1931年2卷4期。
〔註211〕王明珂：《建「民族」易，造「國民」難——如何觀看與瞭解邊疆》，《文化縱
　　　　橫》，2014年6月。

段，即描述一對有代表性夫婦的性生活史。〔註212〕

在民國的調查中，極少能將異族性生活，納入其所屬民族的歷史脈絡，即使是短暫的史，也未見描述。他們的性生活產生了怎樣的社會關係？性行為與生育到底是怎麼回事？這些問題都不曾解答，也來不及解答。開放的異族婦女，在廣義的政治話語中，意味著新國民的可能，她們不再像自己的服飾一樣，只成為「斑駁」的社會異景。

美國學者威廉‧亞當斯在《人類學的哲學之根》裏說，「每個美國人類學家既是一個進步論者，同時又是一個原始論者」。〔註213〕對於中國早期民族學人類學家而言，這種情況何嘗不是？不過，在他們那裡，進步論時時壓倒原始論，使其情感更多地體現在對現實中國的焦慮之中。但在西南民族調查中，進步論者也找到了他們原來只是想像的原始社會形態的活化石（同時為中國古史研究找到了新方向）；原始論者則找到了「高尚的野蠻人」，他們讓其作了歷史上最華麗的一次轉身。不過，他們所尋找到的都是現實與想像相結合的「真實」罷了。

再統攝以上論說，或許可以如此總結：如何納「他族」於「我族」，宗教體現了拯救他們成為「新國民」的思路，而女性的思想觀念卻體現了他們具有成為「我們（中國）」的「新國民」之可能。宗教作為「遺存物」，隱喻了中國的過去；女性服飾意味著民族的傳統（後來演變為中華民族的傳統，直到今天）；而開放的婚戀觀，正是當時中國現代化努力的方嚮之一。

〔註212〕 〔英〕馬林諾夫斯基著，高鵬、金爽譯：《野蠻人的性生活》，北京：團結出版社，2004 年。第 3 頁。

〔註213〕 〔美〕威廉‧亞當斯著，黃劍波等譯：《人類學的哲學之根》，桂林：廣西師範大學出版社，2006 年。第 4 頁。

第六章　民族誌與「觀西南」

　　日本人類學家鳥居龍藏的《苗族調查報告》（1903）於 30 年代初被翻譯成中文，在國內人類學、民族學界流行。但譯進來時，其中的第一章旅行日記則被刪除了。當時，民族學家江應樑曾發表評論討論這一問題：倘使我們讀本書的目的僅求對苗民得到個大體知道，那隨讀本書一過當已可滿足；倘要藉此書作研究苗民的資料，甚或進而探索作者調查苗民的方法步驟，那旅行日記一章之重要性則並不亞於本文。〔註 1〕

　　對於《苗族調查報告》至今所出中文版均無第一章，我們深表遺憾。因為要研究一部民族誌，至少包括其含義的三個層面，一是以文本形式所體現出來的調查成果（文本論）；二是通過調查進而得到認識特定人群（人類）的方法（方法論）；作為調查過程的田野實踐（實踐論）。而要尋找民族誌的田野實踐，恰恰少不了旅行日誌等文本。在本書中，前三章也只是分別從歷史、地理、文化的角度，選取了民族誌撰寫的內容進行分析討論，其中主要涉及民族誌的文本論層面，同時也涉及一定的方法論。但筆者認為，僅止於此還不能全面理解中國民族誌在特定時期的生產過程及表述特點。幸而民國時期國人調查的部分日誌、行紀類材料尚存，故本章從其入手，將作為田野實踐的民族誌與作為認識特定人群方法的民族誌相結合，重點關注民族誌家，即書寫文本的田野實踐者，如何表述自己的田野過程，在表述中又透露出怎樣的西南觀，以及這種觀西南的意義。

〔註 1〕 江應樑：《評鳥居龍藏之苗族調查報告》，《現代史學》，1937 年第 3 卷第 2 期。

第一節　新西南：從新文體到新觀念

　　當 enthnography 落地中國後，中國學術界對於中國邊地研究的熱情大增，同時出現了一種專門的民族誌文本，用來記錄中國邊疆民族。民族誌文本的出現，不僅意味著記錄邊疆民族方式的創新，更在於在調查過程中滲透的部分人類學觀念，並被表述於文本之中。即新文體產生，帶來的是新的思想觀念變化，這個新觀念既關乎人類學民族誌所倡導的「科學」「客觀」的「他者」記錄，更影響了外界對邊疆各區域人群的重新認知。

　　民族誌是中國特定時期學術轉型的新產物，對邊疆民族的調查與書寫成為實踐這一學術產物的試驗場。然而，絕非僅僅是為學術而學術，調查者或曰民族誌學者（ethnographer）的「調查動機」值得關注。帝制瓦解，社會動蕩，政治黑暗，置身於當時情境之中的知識分子因襲傳統，沐浴西風，學通古今中西，卻又心繫於亂世之間。科舉廢除，仕途有變，其身份模糊曖昧，介於官、民之間，〔註2〕特別是關注人文學科的知識分子，受「新史學」觀念影響，他們反思中國歷史不應該僅僅是帝王將相史，於是開始眼光向下，向普通民眾靠攏。而發現一個新西南，是各種條件催生的結果。

1. 到西南去！

　　20 世紀 30 年代左右，到西南去，成為知識分子的「時尚」選擇，先行西南的知識分子更是大力宣傳，因為西南是實現理想的抱負地。這一理想的情感可以從中國的教育家、政治家黃炎培的《蜀南三種》中看出。

　　1939 年，國民政府派黃炎培（時年 61 歲）率國民參政會川康建設視察團到西南各地考察，後寫有《蜀南三種》一書，在序中，黃說：

> 我們奉了使命出去觀察，我們的腦海里，出去的時候不可以有，回來的時候不可以無。為什麼不可以有呢？出發時如果有的話，就是成見，這是犯大忌的。要空空洞洞像一面大鏡子，一切形象才容得下，才攝取得真切，可是回來時，反而沒有，那簡直「如入寶山空手回」了。〔註3〕

從黃炎培這本「不尋常的遊記」中，我們似乎可以看到類似民族誌的主位立場。可見，此時的黃已經具備一種平等看待異民族的觀念。早在 1914 年，黃

〔註2〕徐新建：《民歌與國學》，成都：巴蜀書社，2006 年。第 37 頁。
〔註3〕黃炎培：《蜀南三種》，國訊書店，1941 年。第 5 頁。

就以《申報》記者身份在安徽、江西、浙江、山東、北京、天津等地考察了五個月。1915 年，又隨中國遊美實業團體在美國考察了 25 個城市 52 座學校，廣泛接觸各界人士，考察教育，撰寫《旅美隨筆》。1917 年赴英國考察，同年 5 月 6 日，聯絡教育界、實業界知名人士在上海發起中華職業教育社。次年，創建中華職業學校。此後數十年時間的教育和社會活動主要通過中華職業教育社來展開。1931 年「九一八」事變後，黃炎培積極投入抗日救亡運動，創辦《救國通訊》，宣傳愛國主義。早年的黃炎培接受傳統教育，曾中秀才，至舉人。但很快接受現代教育，受蔡元培先生影響，一生致力於教育事業。

可以說，黃炎培是 30 年代關心國家前途的典型現代知識分子。雖然黃已有民族平等觀念，但因為不是民族學家，目的不在於作出規範的調查報告，因此《蜀南三種》表述方式一如以往的《旅美隨筆》等。黃特別強調其中有「地方政治問題資料，地方經濟問題資料，邊疆種族問題資料」，認為這是他們出來花了很多時間，走了很遠的路而產生出的巨冊報告書的精華。他不願「嚴嚴整整地說這些正經話，排列許多正經資料給人家看，容易使人家沉悶到瞌睡」。還不如遊記體裁，用輕鬆流利而通俗的筆調寫出來的好。

照作者說來，比起巨冊報告，這本考察精華更值得閱讀。這是一本滲透作者強烈感情的書。黃氏長袖善舞，秀才、舉人才華流於詩文。作者是在「極慘極憤慨或極興奮」也「不知淌過多少熱淚」的情況下寫成的。全書共 16 小節的遊記，既有以地點命名的，也有以感想命名的，或者以民族命名的。另外，全書收錄作者途經的 28 地所寫的 28 首詩。在所有的詩作中，黃特別強調要注意「敬告青年」與「重做人三章」。「敬告青年」言：中華國魂何在？民族復興何賴？兒孫代代，只處處青年可愛！與君一紙書，贈君千萬句：「愛國、愛人、自愛」，此外更無他語。舍我身，為國有。言不欺；行不苟！〔註4〕「重做人三章」：「身非我有」記得此言否？從此吾身獻給民族獻給國家有。〔註5〕黃炎培特別提到劉芷汀先生的《倮區漢奴籲天錄》中的漢族娃子，並將那些窮苦原始的孩子，稱之為「第二代國民」。〔註6〕而所謂的「敬告青年」、「重做人」即在於作一個為國獻身的青年，拯救那些「第二代國民」。

《蜀南三種》出現在抗戰之後。到西南去的呼聲，在抗戰之前就已高漲。

〔註4〕同上。第 144 頁。
〔註5〕同上。第 173 頁。
〔註6〕同上。第 7 頁。

報刊雜誌中，時常可見《到雲南去》〔註7〕、《到四川去》〔註8〕、《到邊疆去》〔註9〕、《到邊地去》〔註10〕、《到松潘去》〔註11〕等號召性文章，顯示了到西南去帶有宣傳鼓動的特點，其中的愛國情緒如《蜀南三種》一樣，是普遍的。大抵奉命到西南去調查的人，會被西南民族的實際生活所「震撼」。接著，便會在文本中，直接表露出「敬告青年」一類的激情號召。

到西南去為何可以實現理想？因為西南已經成為「新西南」！

> 中國的西南，是一塊未開墾的處女地，在過去，由於地形的複雜，交通的不便，地理上的遠離，政治的不上軌道，資金的短絀，以及其它一切主觀及客觀條件的阻撓，使西南成了荒僻之區，在未開化的名詞下，被沿海的繁榮地帶的人們所忽略而漠視。他正好像一個胸羅錦繡的才子，也好像空谷裡絕色的佳人一樣，一向被人們冷寂地捨棄，雖然懷著無限的富庶，但被埋沒了數千年。自從抗戰以後，西南也漸漸顯露出她的重要性，她已得到了新的估價與新的認識，她被人們公認為長期抗戰的根據地，中國復興的「勘察加」。無疑地，她已經負起了前所未有的中國抗戰建國過程中最艱巨而神聖的職務了。〔註12〕

「新」西南並非說西南本身發生了什麼新變化，而是在關鍵時刻，西南被重新認知與評估。如黃炎培的《蜀南三種》一樣，其文主題在於鼓勵當時愛國青年，看清西南的悲慘現狀，以作好對其施行拯救的準備，西南的「新」，是西南之外的人對「西南」認知上的「新」。《蜀南三種》，即是用人類學客觀表述他者的新觀念，來表達一種新的西南認知觀念。西南的形象，由華尊夷卑觀念裡的荒僻、落後、神秘，轉變為需要敞開、需要開發的中國復興地。

如何成為「新西南」？如汪哲冰在《到西南去》一文中說：

> 西南要獲得全般的成功在人力物力上還急待有外界的加入，去

〔註7〕 睡佛山人：《到雲南去》，《天南雜誌》，1929年。第1期，第68～73頁。

〔註8〕 孫銳存：《到四川去》，《憲兵雜誌》，1936年。第3卷第9期，第140～142頁。

〔註9〕 劉松塘：《到邊疆去》，《闢荒》，1935年。第5期，第23～24頁；天間：《到邊疆去》，《清華周刊》，1928年。第30卷第8期，第7～8頁。

〔註10〕 楊露濃：《到邊地去》，《康藏前鋒》，1933年。第4期，第18頁。

〔註11〕 徐益棠：《青年中國季刊》，1940年。第2卷第1期，第207～214頁。

〔註12〕 白水編：《今日新西南》，見張研、孫燕京主編：《民國史料叢刊（858）》，鄭州：大象出版社，2009年。第9頁。

開發西南無限量的礦產，去掃除西南無數的文盲，去徹底的協助地
方組織更健全的政治機構，去發展更多的工商業，另外還有幾千萬
苗、猺、玀玀等落後的民族，迫切地要人們去領導、教育、組織。
這許多偉大艱巨的工程，老實說不單是西南各省所能擔負，他是需
要整個中國國民集團的力量，才能推進，完成。〔註13〕

如果將這種聲音擴大來看，「新」在民國時期是非常重要的關鍵詞，新中
國、新西南、新四川、新貴州、新雲南、新西北、新國民、新女性等關鍵詞，
在當時各類雜誌上可謂鋪天蓋地。「新」掀起的是一種認知潮流，由新認知帶
來新視野，進而有新行動。同時，到西南去得來的文本，與現代科學的興起
有極大的關係。民國以來，中國關於西南描寫的文本，大多與現代學科有關。
丁文江是國人中較早寫到西南土著的人，卻是因為地質調查，順帶得來了西
南土著的第一次描述。搞農學的崔毓俊，本是去西南作農學調查，卻寫成《到
西南去》一書，其中不乏西南各土著的風土習俗描寫。黃炎培的《蜀南三種》
得來許多「邊疆種族問題資料」。可以這麼說，攜帶現代科學觀念，有志於西
南研究的知識分子，打開了通向西南的通道。這條通道，重點不在交通建設
等硬件設施，而在於文化接觸與交流中產生的對西南新的認知觀。

2. 中國並非華夏？

1942 年，中國戰地記者與作家蕭乾，在英國出版了《中國並非華夏》
（China But Not Cathay）一書，全書共 15 章。其中內容包括介紹古老中國
的歷史與現狀，文化與地理以及抗日戰爭時中國政治、經濟、文化、軍事等
各方面的情況。但是為何用《中國並非華夏》作書名？這是一本發行於西方
世界的書，作者的目的用心均在於讓西方人重新認識一個嶄新的中國，而不
是古老的華夏。

在本書的開篇兩章，即古老的危機（The Danger of Being Ancient）與桑葉
（The Mulberry Leaf），作者整理了西方世界所彙集的中國形象，主要有這樣
兩個面向：一是自馬可波羅以來，風景如畫的中國一直被探險者描繪為神秘
之地；二是從上個世紀開始，在傳教士的多樣圖畫下，中國又成為其尋找的
「黑暗大陸」。作者希望讀者放棄「異國情調」的「英國式」的中國，用現實
的態度去接受一個真實的中國。中國人也與別國人一樣有自己的快樂與悲

〔註13〕同上。第 141 頁。

傷，問題與願望。第一，說中國是神秘之地是不瞭解中國的地理。北邊的滿
洲里～西伯利亞邊境到南邊的雲南～印度邊境的距離是 2500 英里，從西邊的
新疆高原到東邊的海岸大約 3000 英里。由於中國的地理環境，我們不能責備
在 19 世紀末，中國與世隔絕、隔離自己於世界之外。〔註 14〕地理環境也決定
了中國人並非如林語堂先生所言，性格均受儒家思想影響的同質性。〔註 15〕
第二，在糾正了西方關於中國古老的華夏形象觀之後，蕭乾用了更大的篇幅
（第 3～15 章）〔註 16〕談到中國再也不是「黑暗大陸」，中國即將到來一個民
主的時代，白話文運動的開展、大眾教育與高等教育的發展、女人們開始走
出傳統閨閣、經濟開始重建、滇緬鐵路的建設、通信得以暢通等即是證明。
在這個時代中，中國人正用昂揚的激情應對抗日戰爭。

當時中國駐英大使顧維鈞先生爲此書作了序，此序並未具體陳述書中內
容，卻從更寬宏的國際視野，肯定了在別國人眼中，中國人應有的形象。認
爲此書展現了戰爭與工作中的眞實中國圖景，展現了中國人在面對嚴峻考
驗時的態度。當前的中國人勇敢、堅決、勤奮、充滿活力、自信。蕭乾重
新發現了一個新的中國，這個中國團結一致，憑著智慧和決心在前進道路
上戰勝了驚人的困難。顧維鈞預言中國將在戰後的國際關係中扮演重要作
用。〔註 17〕

康奈爾大學的馬丁・貝爾納在《黑色雅典娜：古典文明的亞非之根》一
書中的序言中這樣提到《中國並非華夏》一書：從我在劍橋正式開始學習漢
語之前，我和中國的聯繫就開始了。第二次世界大戰期間，我七歲時，作家

〔註 14〕 Hsiao Chien. *China, But Not Cathay*, Printed in Great Britain at The Curwen Press, Plaistow, 1942. p15.
〔註 15〕 Hsiao Chien. *China, But Not Cathay*, Printed in Great Britain at The Curwen Press, Plaistow, 1942. p8
〔註 16〕 第 3～15 章目錄爲：3.民主時代的到來（A Democracy Comes of Age）4.我的家鄉被淹沒了（'MY Home is Drowned!）5.出籠的女人們（Women Out of the Cage）6.白話與文言（The Vernacular versus the Classical）7.遭破壞的首都（Captain of Destruction）8.大眾教育與高等教育（Mass Education and Higher Learning）9.經濟重建（Economic Reconstruction）10.滇緬路上（'On the Road to Mandalay'）11.Air Ace 一流空軍劉粹剛之死（The Death of an Air Ace）12.通信：動脈阻力（Communication：Arteries of Resistance）13. 游擊隊（Guerilla Industries）14.新聞戰線（The News Front）15.當我們勝利時（When We Triumph）。
〔註 17〕 Hsiao Chien. *China, But Not Cathay*, Printed in Great Britain at The Curwen Press, Plaistow, 1942.序。

和翻譯家蕭乾〔註18〕給了我一本他的書《中國而非震旦》〔註19〕，當時他是倫敦「東方和非洲研究學校」的講師。在書的卷首插圖，他陳述了該書的主題，即中國不是神秘的東方天堂，而是一個真實的地方，中華民族當時飽受日本侵略、政治腐敗和自然災害的苦難，但中國人民的力量終將使它勝利。〔註20〕

　　綜上所述，《中國並非華夏》乃是作者面向西方讀者，重點在於糾正其眼中的中國形象。同時，本書更從族群的角度，對於華夏之外的少數民族也有介紹與描寫。但範圍只涉及「五族共和」之五族中的滿、蒙、回、藏，而且說，所有成員一律平等。〔註21〕

　　在赴英國任倫敦大學東方學院講師之前，蕭乾曾有段考察西南邊疆的特殊經歷。1937年8月13日，日寇飛機轟炸上海閘北，《大公報》縮減版面，遣散大量工作人員，蕭也失業，離滬赴漢。適值楊振聲、沈從文由北京南來，於是一道經湘黔到昆明。1938年夏，蕭又回到香港恢復港版《大公報》事宜。1939年春，他從香港經河內趕到滇緬公路採訪。兩年斷斷續續西南邊疆行的經歷，蕭乾都有考察遊記文章，發表在《大公報》等刊物上。

　　其實在赴英之前，蕭就看到了西南族群遠遠不是「五族」所能概括的。1939年發表在《見聞》上的《貴陽書簡》，就寫到貴州的「各色」苗民：

　　　　過鎮遠，沿途苗民便多了，青，黃，藍，花苗都有，見到的以黑苗最多，花苗服飾最好看。有的三五成群，擔草趕墟；因為服裝一律，分外整潔。特別動人的是傍晚時分，坐在山腰牧著畜群的苗子，對著黃昏的天，很憂愁地望著。〔註22〕

　　同時，作者也寫到芒市的民族大匯合：

　　　　你也許走過許多地方，看到各種不同的風光，但在一塊空間上看到買番瓜、牛肚子裡的傈儸姑娘，在顯耀著她那田字圖案的五彩花衫，背負草席的德昂婦人紫紅的麻衫下，腰間纏了十幾箍黑圈，

〔註18〕即蕭乾。蕭乾原名蕭秉乾，冰心玩笑稱之為「小餅乾」，可能蕭乾因此成為「蕭乾」。

〔註19〕古代印度稱中國為震旦。

〔註20〕〔美〕貝爾納著，赤田虛、程英譯：《黑色雅典娜‧古典文明的亞非之根》「序」，吉林出版集團有限責任公司，2011年。

〔註21〕Hsiao Chien. *China, But Not Cathay*, Printed in Great Britain at The Curwen Press, Plaistow, 1942. P18.

〔註22〕蕭秉乾：《貴陽書簡》，《見聞》，桂林烽火社，1939年。

山頭姑娘的珠花裙已夠美了，襯了她所賣的「五色錦」和「同帕」正是錦上添花，而營生更廣、數目更多的是傣族人。〔註 23〕

中國並非華夏，在這裡又作何解釋呢？

中國傳統對「華夏」的認知是：春秋各國，族姓甚多，何以能屬於一共同文化體系呢？原來古代有一傳說告訴我們，「他們都不過是姬姜兩姓的支派，且姬姜兩姓本尚是一族，都是少典氏的後裔。他們既是一族，自有其共同文化與生活，故共稱華夏。和其生活不同的，即分稱蠻、夷、戎、狄；甚至即他們自己的族人，如有已蠻、夷、戎、狄化了的；亦視之爲蠻、夷、戎、狄，不得稱爲華夏。」〔註 24〕

這種「一點四方」〔註 25〕的華夏觀念，到了近代中國，發生了根本性的變化。本書第三章專門討論了民族誌文本開篇關於少數民族起源問題，即民國時期的民族學家通過對少數民族起源追溯，認定其是「我族」同胞，就起源的意義上來說，中國即華夏！中國境內的少數民族，都與華夏在起源意義上等同。然而，中國境內的文化多樣性應該如何解釋呢？民族學家用地理知識（第四章），對文化多樣性（第五章）進行了合理的解釋。如此再考查「中國並非華夏」這一概念，國內學者的調查報告呈現出「中國」與「華夏」之外的少數民族之間的複雜關係：就起源意義而言，中國即是華夏；就文化意義而言，中國少數民族區別於華夏，隱喻著華夏文化才能代表中國文化。後者可以姚荷生的《水擺夷風土記》而論，作者常用「中國」來意指「中原」或「華夏」。如說到擺夷的民俗文化——拋繡球與潑水節，都認爲其源於「中國（中原）」：

拋球戲似乎也起源於中國。因爲五代馮正中有幾首詞，詞牌名叫拋球樂。〔註 26〕

擺夷潑水、跳於絡呵，實在源於中國的潑寒胡戲和唱「蘇幕遮」。〔註 27〕

〔註 23〕 蕭秉乾：《被遺忘的人們》，《大公報》，1939 年 6 月 29 日。

〔註 24〕 梁園東：《華夏名稱及其種族考原》，《史地社會論文摘要月刊》，1934 年第 1 卷第 3 期，第 5 頁。

〔註 25〕 徐新建：《西南研究論》（總序），昆明：雲南教育出版社，1992 年。第 4 頁。

〔註 26〕 姚荷生：《水擺夷風土記》（1947），昆明：雲南人民出版社，2003 年。第 167 頁。

〔註 27〕 同上。第 177 頁。

秋千戲或起源於春秋，或云始於漢。但在唐代，宮中和民間，秋千戲很流行。雲南和中原的來往，也以唐代為最密，或許秋千戲就在這個時期流傳到雲南的。〔註28〕

打秋千

（筆者 2011 年 7 月 5 日攝於版納景洪）

　　用「中國」來區分「蠻夷」，在任乃強的表述中同樣有之，比如，「番人武器，常較中國落後」。〔註29〕可見，在學者們的表述中，四方蠻夷在某種意義（文化）上不屬於中國（中原或華夏）的觀念依然存在。由這個層面上講，中國是華夏或非華夏，在當時的中國境內，尚需要就具體語境作具體分析。

　　而蕭乾先生的《中國並非華夏》，並非在空間上或族群上強調中國民族的多樣性，而是在時間上強調中國並非過去神秘落後的「華夏」。由於在英國出版，蕭先生的書並未在民國時期引起關於「中國」與「華夏」關係的討論，實為憾事。然而，我們依然可以在此看出蕭與其他中國學者一樣，在對待中國多民族問題上的矛盾性與共同性。以中原人的身份，蕭在對待貴州「各色」

〔註28〕同上。第 167 頁。
〔註29〕任乃強：《西康圖經（民俗篇）》，臺北：南天書局，1934 年。第 92 頁。

苗族讚美後,不忘評論道:「這些人如不認眞『教育』一下,把他們變成力量,恐怕有人要代勞了。」〔註30〕

從「到西南去」,再到對少數民族認知觀念的形成,其中有些不容忽視的田野調查細節及文本呈現特點需要再進一步分析。

第二節　觀西南:「誌」民族與文本表述

1.　「誌」民族:記錄、詢問與演講、贈物等

如何放棄民族誌調查中的「我族中心」觀念,深入調查區域,客觀地書寫「他者」文化?在當時的民族誌調查中,這樣的問題在當時並未引起更深入的討論。雖然在人類學、民族學觀念的影響下,下層民眾、邊地民眾成爲調查者瞭解和認知的對象,但調查者並未刻意去迴避自我的知識譜系,恰恰相反,如何將自我知識譜系用於邊地調查,是他們思考的一個重要問題。在中國歷史上,史與志,在地理空間上對應著內與外。內與外,先有區分,才有融合。對於此處的融合民族方式,並非武力與強暴,而是知識分子借用民族調查實踐向異民族輸入「文明」與「新知」。

從這個意義上講,在整個調查過程中,民族「誌」的「誌」含義已擴大,或者說「誌」已不僅僅是記錄,或者說「誌」伴隨著更多超越記錄民族的行爲。無論西南調查的早期行動者楊成志,還是抗戰時期深入西南調查的芮逸夫,在這之間還有黎光明、劉錫蕃、馬長壽等人,都是邊地現代民族知識的引入者、傳播者。他們引入、傳播方式各異:既有口授的訪談、演講的民族知識宣傳,也有贈國旗、地圖等具有象徵意義的行動。這些行爲既散見於規範民族誌報告中,也見諸於隨行的日誌或遊記類文本裡。

作爲西學知識的實踐者,第一次深入西南民族調查時,楊成志被當地上層人士看作是「歐文亞粹吸收全,恰是翩翩一少年」。〔註31〕1928 年 7 月 12 日到 1930 年 3 月 23 日,共 1 年八個月的時間,楊調查了滇南、川滇交界的巴布涼山、昆明、河口和安南等地。1930 年,其《雲南民族調查報告》刊登在國立中山大學語言歷史學研究所《周刊》上。報告結構如下:

〔註30〕 蕭秉乾:《貴陽書簡》,《見聞》,桂林烽火社,1939 年。
〔註31〕 王子靜對楊成志的讚美之詞。見楊成志:《楊成志人類學民族學文集》,北京:民族出版社,2003 年。第 132 頁。

《雲南民族調查報告》結構

一、緒論

　　（一）雲南的歷史和地理概要

　　（二）雲南民族略論

　　（三）調查經過紀略

二、獨立羅羅

　　（一）獨立羅羅名稱的解釋

　　（二）地理概況和歷史背景

　　（三）一般制度和慣俗述略

　　（四）獨立羅羅預稿的內容

三、中羅字典

　　（一）羅羅文的一般內容

　　（二）記錄資料的綱目

四、獨立羅羅歌謠集

五、關於花苗的語言和慣俗一般

六、關於青苗的語言和慣俗一般

七、昆明各民族的分析和比較

八、雲南民族誌資料

九、《雲南民間文藝集》資料

十、河口猺人的調查

十一、安南民俗的資料

十二、此次收羅的民族民俗品登記表

附錄：

第一　來往重要函件照表

第二　滇人贈語錄

第三　西南民族概論〔註32〕

　　這個報告，從結構體例來講，與前文所分析的民族誌報告有相同之處：歷史、地理依然是報告打頭的內容。但是仔細分析，比起淩純聲等人的《湘西苗族調查報告》，此報告在緒論部分添加了調查經過，即此報告融入了「調

─────────────

〔註32〕楊成志：《楊成志人類學民族學文集》，北京：民族出版社，2003 年。第 23～45 頁。

查日誌」，完整而眞實地呈現了調查內容和調查經過，以及調查之後的書信往來等。顯然，楊成志並非只是爲了完成一個科學的人類學調查報告，同時也爲了急於將所見所感告知於有志之士，於此篇幅之中，常見楊氏到西南的行動與驚險、收穫與驚喜，充滿著英雄主義情調。其中，最值得在此處分析的是本屬於民族誌調查報告中伴隨的一個文本（姑且看著「調查日誌」）──「調查經過紀略」與「附錄」部分。前者可謂到西南去的經過，後者可謂到西南去後的反響與回應。

「調查經過紀略」部分，楊成志重點分享了個人的西南調查經驗，他深覺民族調查急應引起一般學生的注意，遂在昆明中等以上十餘校，輪流演講民族學問題，並分發「西南民族調查略表」及「雲南民間文藝徵求表」給將近 2500 名青年學生照填。報告中將西南各種日報刊登的演講消息照錄下來，題目爲：西南民族調查專員演講──深入巴布涼山調查之一人。接著即介紹英雄式的調查者楊成志，如何克服險阻「經過多次危險」，成「我國空前未有之民族調查成功之一員」。

楊成志十餘日間，被邀請去演講的教育機構與研究機構包括：歷史研究社、青年會、省立第一師範、成德中學、高級中學、東陸大學、省立第一中學、省立女子中學、第一聯合中學、昆明師範、昆明縣立第二中學、建設人員訓練所。

演講的題目分別爲：

從人類學談到國立中山大學語言歷史學研究所的工作及民族
調查方法──歷史研究社

西南民族概論──青年會

雲南民族略論及調查方法──省立第一師範

雲南民族概論──成德中學

雲南民族的類別──高級中學

玀玀論略──東陸大學

民族調查的重要──省立第一中學

鄉村教育與民族調查──昆明師範

婦女與民間文藝──省立女子中學

調查民族應注意的幾點──聯合中學

怎樣開掘雲南的寶庫？──昆明市立師範

到民間去！──昆明縣立第二中學

建設事業與民族調查的關係──建設人員訓練所〔註33〕

到各校演講時，楊成志帶有玀玀、花苗、青苗之民俗品多件及土人照片多張，依照其所分發之兩種「西南民族調查略表」及「西南民間文藝徵求表」逐一解釋，引起了各校聽者的濃厚興趣，且極踴躍地盡自己之見聞照表分填，是可謂開滇省民族調查及民間文藝徵求之先聲也。〔註34〕楊的演講題目，從「西南民族概論」到「雲南民族概論」、「建設事業與民族調查的關係」等，構成了一套有關民族、雲南民族的新知識系統，楊將其傳播於當地上層人士。

「附錄」部分，包括楊成志在調查前後的來往信件、滇人贈予他的評價、西南民族概況三個部分的介紹，清晰地呈現了當地教育界及政界人士與作為「國立中山大學語言歷史學研究所西南民族調查專員」〔註35〕楊成志之間的關係。前者所寄予後者（中央委員）之希望：「來開化此種民族」、「開闢蠻地」、「開闢涼山」〔註36〕。楊成志在西南期間的表現，讓他們看到了開發蠻族的遠景，也即楊啓發了西南上層人士對西南民族及未來的認知。雖然只是一位普通的調查專員，但是楊對於當地上層人士的意義，遠不止於此，超越了學術調查，楊已然成為官方的代言人。可以說，在西南地區，既代表官方，也代表學術，楊作了第一次深入的知識普及：西南民族固有的文化，是我國學術上的寶庫；西南民族的社會地位，是中華民族實現政治目標待解決的問題；西南民族居住的區域，是礦產密佈的地區。〔註37〕即讓特定區域的人群知道自己作為邊疆、邊地民族存在與國家的重要關聯。如此，調查實踐中的民族知識宣傳在生存意義上影響了當地民眾。楊成志借用民族學、民俗學知識，既對西南民族作了認知與區分，同時，也將自己的現代民族學知識，帶給當地民眾，尤其是當地上層精英人士。

民族知識的傳播，同樣體現在芮逸夫的川南苗族調查日誌中。

為躲避日本侵華戰爭，中央研究院史語所於1940年遷至四川省南溪縣的李莊。從1933年與淩純聲進行湘西苗族調查開始，芮逸夫都未中斷對西南苗族的調查研究，雲南的紅河、貴州的花溪、青岩、貴定等地，都曾有他的調

〔註33〕同上。第38～40頁。
〔註34〕同上。第38～40頁。
〔註35〕同上。第40頁。
〔註36〕同上。第121～123頁。
〔註37〕同上。第149頁。

查足迹。可惜大部分調查都未留下記錄日誌。唯遷至李莊後，芮對川南敘永苗族調查留下日誌一部。〔註 38〕其日誌顯示，芮接觸到幾類人物，他們構成了一個混合的聲音系統，形成了一個特定的話語圈，其中主要是當地「軍政界、文教界人士」，有日誌爲證：

> 十一時與胡同至縣府拜訪何本初縣長，談西南兩鄉（一、三兩區）苗情頗詳。並爲余等建議路線：由後山堡，梘槽溝，分水嶺，雙河場（在雲南威信），再返分水嶺，而至黃泥嘴，清水河，至大壩。後赴宴之主客陸續而到（敘永黨政機關法團士紳請客）。第二十四師廖師長、唐團長、徐團長亦先後到，此外尚有岳縣議長（年已六十七，曾任蔡松坡將軍之秘書）、李參議院鐵夫、衛生院何院長、縣黨部鄭書記長等。一時許入席，共四桌，廖師長中席首座，余左席首座，同席有李參議員、何校長、李副縣議長等。二時半席散，攝影兩幀辭出。與何校長同至省高中講中華民族之意義。胡講種族平等之意義。五時畢，曹教員邀往晚餐後，即辭別返寓。何海德教育科長來談苗教育頗久，袁亦來約明日偕人來談苗情云。十時睡。〔註39〕

上述日誌信息透露，芮氏的飯局及應酬主要在於透過當地官員及上層人士瞭解苗族詳情，共同探討有關民族問題等。另外，在整個調查過程中，芮逸夫對地方精英尤爲關注。凡在當時比較活躍的民族知識分子精英，作者都把他們記在日記裡。比如，二十六年《時事月報》中關於西南沿邊土司夷苗民眾代表高玉柱等，二十五年四月到京，其請願事項，約分十點，全部詳細記載在日誌中。〔註 40〕苗民代表韓介休是作者反覆寫到的苗族精英。韓三十年籌組敘藺邊民文化促進會，卅一年創辦邊民學校八所，今已增至十二間矣。芮逸夫稱其「談苗族一切問題，頗有見地。以一耶穌教徒不爲耶教所囿，尤爲難能可貴。」〔註41〕

芮氏與上層人士的交流、應酬，反覆提到與其討論有關民族知識，或者如何認識當時的中國民族問題等，這是其日誌的中心議題。芮逸夫還在南坳

〔註38〕 此日誌由臺灣中研院王明珂整理出版。王明珂老師在中興大學開設研究生課程時提到此日誌，筆者在臺訪學期間有幸聆聽並受啓發，特此致謝。

〔註39〕 芮逸夫著，王明珂、編校：《川南苗族：調查日誌1942～43》，臺北：中研院史語所，2010年。第5～6頁。

〔註40〕 同上。第113～114頁。

〔註41〕 同上。第88頁。

田苗民俊森的家裏翻到一本歷史書，正是顧頡剛等人編著，並將其記在日誌中，此書的內容為：1. 中華民族是怎樣組合的？2. 中國的文化受外緣的影響怎樣？3. 中國勢力影響到域外，起怎樣的變化？4. 中國現有的領域，由怎樣的蛻變而成？〔註42〕

在考察當地學校並展開演講，是大多數民族學家必作的功課。芮常常在演講中注重用「民族史」來強調各民族間的密切聯繫。比如，在演講部分，與當地何校長同至省高中講中華民族之意義；「擴大紀念周講話上演講『由古宋』〔註43〕九族說到西南民族」。芮亦談到與當地知識分子「隨意談民族問題」〔註44〕等。可見，當地有些開明的知識分子已經具備上述初步的民族學知識。

上述行為，反映了調查者傳播現代民族知識於邊地的一種舉措。其實，寫出的調查報告（學術）文本，只是供官學兩界參閱用的，可能會間接影響到當地人；而在調查地的民族知識傳播，則直接影響當地人對自我族群、民族國家的認知。

新國民應具備新知識，這是一種理所當然的想法，也是芮逸夫等人想要在少數民族中普及民族知識的原因。這種預設的想法有時會不自覺地體現在民族調查中，使得調查過程不可避免地體現出對未知這些現代知識之邊疆民眾的偏見與嘲笑。

受中山大學語言歷史研究所派遣，黎光明於 1929 年到川西地區進行民族調查。在調查過程中，「科學」的觀念與現代民族學知識總是不經意出場。《川西民俗調查報告》有些「遊記」的性質，尤其是第二章，所記類型多樣，所以作者稱之為「雜記」，實則可稱之為「遊誌」。遊的地方包括大寨、三舍、和風岩、林波寺、對河寺、葛昧寺、小西天、後寺、瑟波寺等岷江上游一帶的重要寺廟。另有場景性的訪談大寨土司、牟尼土司等。同時還記錄了隨行人員康他、康他的兒子耶年，及朝藏送別會。此地信仰佛教，所以作者的整個寫作過程，最關注的是宗教。在「雜記」這一部分裏，作者記錄了很多遊寺廟會見喇嘛的場景。

在「迷信之一斑」一節中，作者這樣描述林波寺的楊喇嘛：

〔註42〕同上。第 44 頁。

〔註43〕古宋，即今四川省興文縣城一帶（原文注）。

〔註44〕芮逸夫著，王明珂編校：《川南苗族：調查日誌 1942～43》，臺北：中研院史語所，2010 年。第 60 頁。

> 楊喇嘛既知道有孫中山，並且聽說過蔣介石，但不知有南京也。更可惜的是他問我們道：「三民主義和中華民國到底誰個的本領大？」

葛昧寺的凝戈也問：

> 宣統皇上這一會還好嗎？他從不知道有大總統袁世凱，當然更不知道有主席蔣介石。同他談到南京，他問：「那是洋人地方不是？」〔註45〕

在作者看來，如此神聖的，最有知識的「番人」圈裡，對於政治的認知是如此的幼稚可笑。作者也用一套普遍的科學知識系統去面對一個信仰的世界。而最讓作者不可思議和嘲笑的，是宗教世界中關於政治概念的錯誤認知。這段話已被王明珂先生闡釋：在調查中，黎光明與王元輝對當地人物行為的詫異與嘲弄，是因為他們用自己的民族學知識，認為所有國民都應有此「普遍知識」。他們對鄉民或邊民之「無知」的描述與嘲弄，也隱含了教育應普及於鄉民與邊民間之隱喻。〔註46〕

這樣的情況也在其它文本中體現。在劉錫蕃的《嶺表紀蠻》中，更是在「第二十七章·雜錄」中專闢一節為「蠻人對於國家觀念之測驗」，作者寫道：

> 蠻人國家觀念，異常薄弱，予署三江縣任時，曾就30個四十歲以上之苗狪男子，用問答式作種種試驗。結果，皆令人失望之極！
>
> （一）予問「今年為民國十幾年」？能答者十五人，不能答者十五人。
>
> （二）予問「光緒做了幾年皇帝？宣統做了幾年皇帝？」能答者九人，餘皆不能答。
>
> （三）予問「我國第一二屆總統是誰？」一人誤答為「袁世跑」，其余答不知。
>
> （四）予問「中國國民黨是誰創的？什麼叫三民主義？」全體答不知。
>
> （五）予問「民國與君主國有什麼區別？」其中之七人，只答「君主國有皇帝，民主國無皇帝」，其餘皆答不知。

〔註45〕同上。第120頁。
〔註46〕同上。第24頁。

爲了表明測驗的科學性，作者還專門寫到自己抽樣情況：此三十人中，籍三江者十四人，籍融縣者六人，籍羅城丙妹者各二人，籍龍勝古州者各三人；其職業，操舟者九人，農業者十五人，犯罪者仁人，不詳其業者三人。其住址皆在苗山，其時間爲民國十四年三月。實驗地點，爲三江稅廠及縣署。〔註47〕

上述調查方式透露出作者調查目的及意願，即所有這些關於民族國家的現代知識，將要普及到「蠻人」的認知觀念中。否則，未有民族國家知識，何稱新國民？

「誌」民族，即是「記錄」特定人群，記錄的目的是什麼？西南千百年的慣俗爲何在此刻如此被重視？調查者實質在進入調查之前就已經知道了一個事實，「他們」落後於自己。雖然從文獻上知道一些，但自己並不瞭解其落後的程度如何。這些附帶的文本流露出其調查心態是：他們很想知道，這些西南少數民族到底知道多少外界（我們）的知識，他們跟自己有什麼不一樣？所以在調查過程中有很多地方會根據自己的知識譜系設置一些訪談話題。如此深入瞭解對方知識程度的目的是什麼呢？從他們一路所進行的演講可以知道，他們不但要用自己的知識譜系設問，而且更想將自己的現代民族學知識普及到調查對象上，讓他們崇尚「新知」，恥於「舊識」，逐漸「文明」，明確自己的「國民」身份。

上述所言的現代民族知識及國家「大義」普及行爲，並不僅僅體現在語言的表述上，同時也體現在調查過程中的一系列贈與行爲上。在相關文本表述中，可以看到所贈禮品種類繁多，用途各異。如綢緞、自來水筆、墨水、口琴、鏡子、手布、肥皂、布匹、玻璃杯、抗戰宣傳畫、世界及中國地圖等。〔註48〕林耀華在涼山調查時送給保頭的禮物爲：一面紅緞旗，中繡「漢夷一家」名字，下款燕京大學邊區考察團敬贈，另外更以鐘、表、劍、刀、布匹等爲酬謝禮物。這些禮品，都有各自隱喻的含義。對於被調查對象來講，大多數意味著文明、進步與知識，也意味著民族團結，如「夷漢一家」的紅旗。

在所有贈送的禮品中，「國旗」最能作爲國家符號的象徵。馬長壽在涼山

〔註47〕劉錫蕃：《紀表嶺蠻》，臺北：南天書局，1934年。第255～256頁。此處要感謝王明珂先生提供此條信息。

〔註48〕僅從民國時期孫明經到西南地區攝影所贈禮品可知其數量品種極豐。見孫明經、孫建秋、孫建和：《孫明經手記》，北京：世界圖書出版公司，2013年。第97頁。

彝族地區進行的調查，在當時國內外研究者中時間是最長的。〔註 49〕他分別於 1936 與 1939 年進行涼山調查，寫成數十萬字的涼山羅夷考察報告，在報告中，馬長壽這樣寫道：

> 其間有盧家寨的黑彝，盧家長老數人，要馬長壽介紹向政府投
> 誠的，馬長壽認爲此事關係羅族歸化前途甚大，允之。修函與雷波
> 縣長，請准其投誠，每年按田納糧爲民。並由考察團名義，贈以國
> 旗一方，爲投誠紀念。翌晨，村中大部分壯丁，荷槍實彈，皆來送
> 行。村中羅民，聞吾已介紹彼等投誠政府，攜酒獻雞者相望於道路。
> 吾等以布帛針線分給之。〔註 50〕

國旗是「中華民國」的符號象徵，也是國家的表徵。此段展示了考察團與中央政府之間的關係。考察團的權力在「贈送國旗」的行爲中可見一斑。同時，被贈送國旗的人都是「滿意而去」之類的表述，說明了「國家」這一政治知識的宣傳和深入是當時調查團的一個目的，即要讓夷人知道「國家」的含義，並希望有「投誠」之意，這暗示了夷民對中央下來的「國家」官員感恩戴德之情。馬氏向別土家贈送的國旗，被徐益棠再次寫進了《雷馬紀行》中，「別土出中央博物館馬長壽君所贈旗，囑爲重鈎旗上所湮沒之字」。〔註 51〕可見，本地人士對「國旗」的敬重程度。贈國旗的行爲，在調查中極爲常見。1935 年 9 月 18 日，陶雲逵先生在所且調查時向附近村子的頭人及本村男女說明：「來測量者，每人給針三顆，花布一方。負責頭人，每人國旗一方，給紅結瓜皮黑緞帽一個，藍布一長條，針十顆。」〔註 52〕國旗，既誇耀也展演了中央的權力，也是中央政府向心力的暗示與隱喻。此種「授予」和「受賜」中表達、強化差距，與歷代以來所謂的賜漢冠、漢式姓名、鼓樂、綵旗、漢官、軍府等行爲如出一轍。〔註 53〕不同的是，這裡更意味著「授予人」向「受賜人」明示「國家」這一「大意」。

向調查對象解釋禮品的用途，無異於講解一遍外面的世界，這個外面的世界主要是調查者所在的城市或生活。爲此，有時調查者也不得已誇大中國

〔註 49〕馬長壽著，李紹明、周偉洲等整理：《涼山羅彝考察報告》，成都：巴蜀書社，2006 年。第 3 頁。

〔註 50〕同上。第 34 頁。

〔註 51〕徐益棠：《雷馬紀行》，《邊政公論》，1942 年。第 1 卷第 11～12 期。第 99 頁。

〔註 52〕原載《中國民族報理論周刊時空》，2011 年 11 月 18 日。

〔註 53〕王明珂：《華夏邊緣：歷史記憶與族群認同》，北京：社會科學文獻出版社，2006 年。第 237 頁。

現代化的程度，顯示中國的自尊。如黎光明到川西作民族調查時寫道：

> 晚上，我們打開了話匣子以後，到土官家裡來聽熱鬧的不少。
他們看見我們的電筒，嘗了我們分散給他們的糖精，大家都扭著臉
龐，「嘖、嘖、嘖」的讚歎不止。内中有一個問我們，「這些東西是
洋人做的不是？」「不是，這統是成都有的」，我們只好這樣答應：
慚愧！〔註54〕

考察者行走及留下的痕迹帶來的效果是什麼呢？帶著新的現代知識進入蠻夷
之地，他們的行動無形中強調了與「他者」之間在政治意識、文化形態、文
化權力方面的差距。如果將這種差距表現在文本中，自然是處於優勢的表述
者占盡上風。他們往往有雙重或者多重身份，其言論既見於學術文本，亦現
於治國方略中。

2. 從民族到國族：文本後面的權威

　　20 世紀早期，是人類學民族誌權威的時代，那個時代的人類學平等互動
觀念並未形成。因此，中國早期民族誌文本很容易泄露民族學家的思想與觀
念，其文本的權威特性，既帶有西方民族誌文本的共同特點，也具有中國獨
有的表述特性，下面稍作總結：

　　第一，證明自己在場以顯示客觀權威。這種方式通常是用相機表述出來，
拍攝作者在某地，即在場。在場成為一種客觀存在的標識，客觀存在就等於
科學。這一點是自民族誌誕生之日起就存在的普遍性問題，已被當代人類學
家討論得沸沸揚揚，並首先體現在西方學者對科學民族誌的反思。作為寫文
化的發起人之一，克利福德（James Clifford）對民族誌「你是那裡的，因為我
在那裡」的現代田野調查權威模式，已提出了質疑。〔註55〕權威甚至被進一
步批評為「霸權」。〔註56〕民族誌調查者所到達的地方和他的相機所記錄的景
象是否就成為不可更改的權威？對於這一點，作為寫文化的民族誌已經思考
得很深入，新的民族誌文本《摩洛哥田野作業反思》將以往隱藏的民族誌作
者完全暴露出來，「把對對象的研究作為研究對象（布迪厄）」，表述了民族誌

〔註54〕黎光明、王元輝著，王明珂編校：《川西民俗調查記錄 1929》，臺北：中央研
究院歷史語言研究所，2004 年。第 94 頁。感謝王明珂先生為筆者提供此信息。
〔註55〕Clifford, James, *On Ethnographic Authority*, Representations, No. 2. pp.118.
〔註56〕〔美〕克利福德·格爾茨（Clifford Geertz）著 林經緯譯：《追尋事實：兩個
國家、四個十年、一位人類學家》，北京大學出版社，2011 年。

作者完成田野作業過程的真相。〔註 57〕中國早期的民族調查就是通過證明自己在場的方式顯示調查的客觀權威。〔註58〕

第二，作品的產生及閱讀與當地人關係不大。調查者不太在意當地人怎麼看自己的作品，以致文本中經常出現以陋習被調查爲恥的描寫。前文論及在《湘西苗族實地調查報告》中，石啓貴也曾反駁淩純聲等人對苗巫蠱的表述：「前中央研究院派淩博士純聲考察，攜帶各種實驗機件，實驗苗鄉男女身體骨骼及眼力，乃悉蠱婦之謬傳，應予糾正。」〔註 59〕當然也有調查對象的互動，但大多爲地方精英的參與。民族調查報告並非爲調查對象而作。

有時，被調查對象的心理也可以通過調查者的表述反映出來。徐益棠，師從法國人類學大師莫斯，其人類學調查極具學術性。在第五章分析的各類關於宗教文本的表述中，徐的《雷波小涼山之儸民》所論及的巫術與宗教部分，未用官方關於「迷信」的表述。儘管如此，我們還是可以從徐的行紀類作品中，看出他在民族誌文本中隱藏的調查心態。

到西南去調查的人，總是想有所作爲的。然而在調查過程中，並非總遂自己的心願。因此，難以避免的孤獨與陌生感伴隨在調查過程中，體現在調查日誌裡。《西康行紀》中透露，由於大多時候並沒有具體的安排，徐益棠時常有吟詩賞景、遇事感懷的詩歌抒情。看日誌中的描寫：

> 「二十九日……稍睡，謝國安先生來談，五時去。陰雨無聊，六時即夜膳。」……三十一日陰，雨。烏拉仍遲遲無消息，晨起無聊，作「康定」詩兩律。……九月一日晴，昨夜少冷，晨起頗有邊塞秋寒之感。烏拉又無消息。洗襪一雙，聊以遣悶，放學本兄未值，置書而出。下午，作詩「遙憐兒女雙雙影，已隔關山路幾千」。〔註60〕

行記中的「無聊」狀況，不知凡幾，身處「邊塞」的悲涼與傷感，滲透於大量傷懷詩歌中，充滿了壯志未酬的文人氣息。他的交往範圍，限定在自己所

〔註57〕 參見〔美〕保羅・拉比諾著，高丙中，康敏譯：《摩洛哥田野作業反思》，北京：商務印書館，2008 年。

〔註58〕 臺灣青年學者王鵬惠就從影視人類學的角度對西南民族調查進行研究。見王鵬惠：《失意的國族／詩意的民族／失憶的族／國：影顯民國時期的西南少數民族》，臺灣大學博士論文，2009 年。

〔註59〕 石啓貴：《湘西苗族實地調查報告》，長沙：湖南人民出版社，1986 年。第 567 頁。

〔註60〕 徐益棠：《西康行記》（上），《西南邊疆》，1940 年，第 8 期。

屬的圈子裡。不時記錄約見志同道合的朋友攀談，如「莊學本常來會晤」，約見謝國安等人，於孤寂之中相互砥礪。消遣時光，或者「與本團同人雜談往事」，「談政治問題約兩小時」等，或者「聽留聲機，閱報紙」。可見，作者雖然身在西南，但所相處交流的圈子依然是同道中人，其所作的民族誌也大多是與地方官員或地方知識分子的合作的結果。對於調查對象，作者寫道：

> （康人）蠻家均不願受余調查，而室中污穢黑暗，亦幾暈倒。〔註61〕

作者這樣寫到來自於地方人士安排的調查，如：

> 9 月 17 日，見縣長，面交調查表格請擇優填報。

> 1929 年 9 月 30 日，十時半，約戴縣長同往靈雀寺，囑喇嘛跳神，化妝不全，僅敷衍塞責而已。午膳後，靜待跳鍋莊者來，頗無聊，科學調查團地質組李教授來雜談，詼諧有趣，四時復往返，戴縣長及其友人已先至，而跳舞者始終五時姍姍而來，即於屋頂跳臺，開始跳舞，共十人，均盛裝，分兩隊輪舞，方式簡單，動作遲笨，毫無精彩。嗣加入一巴塘娃作導演，而繼起無人，亦無能增色。余因先下，六時，觀眾散去。〔註62〕

在這些被安排表演的節目當中，作者所觀察的跳神與跳鍋莊之人的心理到底如何？當外地「官員」來欣賞之時，他們的不配合、不積極的態度可見一斑。這種被安排的調查及其表演者的表現，是否可以說明，當地人對於自己的文化展演，有一種羞恥的心理？或者僅僅是對於地方官員的反抗？作者未有交待。而在作者的表述中，其對於表演者的表現極為不滿，也完全無法欣賞這種沒有氣場的、被安排的舞蹈（跳神）。其實，徐益棠原本前往調查社會情形以治民族學，結果自己覺得「斯行殊無所獲」，只是「友人索稿，綴此為獻」。〔註63〕

同樣，在中央研究院民族學者芮逸夫的日誌中，亦可見調查者特定的交際圈子構成，被調查者的聲音來自於地方代言人，而被調查者自己屬沉默者。芮寫道：

> 午後敘永縣府訪賀秘書及孔憲冬科長談苗族人口，後孔科長又

〔註61〕同上。
〔註62〕同上。
〔註63〕同上。

介紹震東鄉長劉哲夫談梘槽溝苗族生活習俗。徐團長、何縣長，後何校長及曹、李、黃諸君同來訪談，約往講演，旋即辭去。在當地，芮也參與當地官員的宴請（敘永黨政機關法團士紳請客），有第二十四師廖師長、唐團長、徐團長，參議員李鐵夫、衛生院何院長，縣黨部鄭書記長，「余左席首座」。〔註64〕

　　這些飯局與替他們拍照的「應酬」，變成了民族誌的一部分，而且在書寫的時候成爲「隱藏的文本」。實質上，在與此類官員的接觸中，芮逸夫等人在調查的路上一邊「習苗語」，一邊瞭解了很多當地需要調查的問題，已先行瞭解了苗鄉人口、地域分佈及「生活習俗」等，〔註65〕他們來講「戴花禮節」、「講解說詞」、「談婚禮」、「述端公傳授事」，〔註66〕講述「祭門鬼及交禮」，而且很多時候是「晚 XX 來講述」，都是到調查者的住處，甚至端公也請到家裡來。所以芮逸夫晚上睡覺的時間，大部分都是在晚十一時左右。〔註67〕由此可見，大多數的調查都是「他們來」芮逸夫跟前講述。

　　然而，調查結果所呈現的文本常常隱藏了這些講述者。調查者在服從一種民族誌表述方式時，不自覺地顯示出表述的權威。雖然從日誌呈現來看，有無數的人在講述，但在文本中卻被轉換成了作者的表述，這種轉換缺席了講述者，眞正講述者的身份、講述的場景完全被隱去，這就使得本來是調查者與被調查之間的對話敘述，變成了調查者的單向敘述，講述者的聲音被文本表述者淹沒。即講述者的聲音最後轉換成了文本表述者的聲音。表述者創造了一個文本世界。被調查對象的心理也同樣被遮蔽，但地方精英是一個特例。拜訪地方精英，比如涼山的土司嶺光電、夷族軍官曲木藏堯等，並與其談國家、民族問題，幾乎是每位進入涼山的調查者必修的功課。但地方精英在漢語教育下自然服膺於國族，也被漢語世界的「文明」所吸引。於是，他們與調查者一起合作完成了自己所屬的地方民族誌（調查報告）撰寫，而眞正被描寫者的普遍心態卻並不爲調查者所知。

　　如果按照勒華拉杜里的《蒙塔尤》對一個村莊的心態史研究方法比照，

〔註64〕芮逸夫著，王明珂編校：《川南苗族：調查日誌 1942～43》，臺北：中研院史語所，2010 年。第 4～5 頁。

〔註65〕王建民：《中國民族學史》，昆明：雲南教育出版社，1997 年。第 180 頁。

〔註66〕芮逸夫著，王明珂編校：《川南苗族：調查日誌 1942～43》，臺北：中研院史語所，2010 年。第 68～69 頁。

〔註67〕同上。第 85 頁。

顯然，中國早期的民族誌調查尚未注意到對研究對象心態的研究，雖然用這樣的標準來對當時的調查作評判過於苛求，因為要直接接觸底層受訪人危險重重、困難重重。調查者進入西南，成為西南民族認識自己的參照物，迫使其族人，尤其是比較「進步」的民族精英人士，將調查者帶來的現代學識作為認知自己的參照點。如此，民族「進步」精英，在尋找自己族群出路的過程中，被時代巨浪強力裹挾著適應了調查者的心態，使其被迫自我殖民。〔註68〕甚至有時調查對象自卑於自己原始落後的文化，不肯展示給調查者，從而產生對漢文化的「攀附」〔註69〕現象。

　　第三，調查過程中有意或無意透露的調查者權威，顯示了調查者與被調查者之間的不對等或距離。這一點在中國20世紀早期西南民族調查中，呈現出獨特性，且未被當今學者論述。對此，此處作簡要分析。

　　以上節討論的「到西南去」為例，讀者可以從文本中感知調查者有一種從「上面」到「下去」的感慨。當然這種情緒或許多樣而複雜，但其中有這樣兩種情況。一是有意流露調查者權威的，大多是非民族學背景出生的官員學者。有時，這種感覺是提前預設出的對比，等著自己的驗證。比如黎光明在為何到靖化去，是「覺得靖化這個地方是世外桃源，頗能施展他的抱負」〔註70〕，可見預設了自己與靖化的區別，後來果然出來一個調查報告，其中描寫的番民與喇嘛毫無科學知識，不懂外面的世界，而自己倒也施展了抱負，雖然最後因此殉難。

　　另一種情況是無意中流露的調查者權威。當然，這裡並不是說調查者自身具有權威者意識，有時這種感覺並不是「下去」之前就預設好的，而

〔註68〕　「自我殖民」的概念來自於後殖民話語，用在這裡可能並不是特別恰當。在民國時期的人類學調查中，墾殖，移民，殖民都是治邊策略中常提及的話題。尤其是墾殖運動，在中國掀起了不少的討論。這些都作為政治舉措的一部分。但與喪失國家主權的殖民並不是一回事，馬長壽強調，中國邊疆並非中國的殖民地，即中國只有邊疆，沒有殖民地。（見馬長壽：《人類學在我國邊政上的應用》，《邊政公論》第6卷第3期，1947年9月。）因為報告中提到殖民話題，故暫時用之，這裡的被迫自我殖民是指在漢語環境中成長的邊疆異族精英在思想上跟隨漢族，在文化上模仿漢族。

〔註69〕　借用王明珂在研究中所用「攀附」一詞。見王明珂：《論攀附：近代炎黃子孫國族建構的古代基礎》《中央研究院歷史語言研究所集刊》第七十三本第三分冊，民國九十一年九月。583～624頁。

〔註70〕　王元輝：《黎光明先生傳略》，見王元輝：《神禹鄉邦》，出版社不詳，臺灣中興大學圖書館藏，1983年。第96頁。

是到了現場以後被對比「烘托」出來的。如約翰·樂士英·卜凱（John Lossing Buck）（其前妻是美國著名女作家諾貝爾獎獲得者賽珍珠）領導的民國農經學專家崔毓俊，曾參與編撰數百萬字巨著《中國土地利用》，該書於 1936年由商務印書館推出英漢對照版。崔負責華北三省（冀、魯、豫）和西南兩省（黔、滇）的調查。崔到雲南之前，所聽到的是「雲南有瘴氣，千萬不能去！」、「雲南交通不便，環境惡劣，瘴氣盛行，居民野蠻，土匪遍地……去了凶多吉少！」。但因為幾年前，聽丁立美牧師介紹雲南的情況，崔留下一個美妙的夢，所以決定前去。考察完畢，崔毓俊於 1933 年冬回到南京，後寫成《到西南去》一書。書中這樣描述：

> 我這個南京金陵大學的農業調查員，若在內地算不了什麼。可是在盤縣到安順的路上，就是了不起的大人物。南京是大人物居住的地方。調查員和委員長又都有個「員」字。陰差陽錯的，我就成了中央下來的委員。每到一村，團兵就找頭目，逼著村子派一兩個壯丁協助護送。有的村子一個不派，估計是給了團兵好處。有的村民一看見我們來，青年人就躲進山裡。團兵就逼迫老太太，滿山坡上亂喊亂叫：「小狗子！中央下來的委員要過路。不用你挑，不用你攉，單單領領路……」〔註71〕

1938 年，西康社會考察團抵達康定北門的情景。〔註72〕

〔註71〕崔毓俊著，崔澤春縮寫：《到西南去》：http://blog.sina.com.cn/s/blog_4cdc7dee01000894.html
〔註72〕徐暢供圖。引自崔毓俊著，崔澤春縮寫：《到西南去》：http://blog.sina.com.cn/s/blog_4cdc7dee01000894.html

　　「下西南」來的調查者被稱之爲「委員」是一種較普遍的現象。〔註73〕
這還不算，更有許多調查文本寫到萬人空巷歡迎被調查者的情景。如馬鶴天
在《甘青藏邊區考察記》中寫到「萬人空巷動」。〔註74〕黃承恩寫到「至康定，
民眾夾道環觀，頗有萬人空巷景象，此亦足證邊民傾向之誠也。」「西康民眾
歡迎大會，於上午十時舉行。由師範學校汪長主持，到會者百餘人。余聆歡
迎詞後，即致答詞。說明中央重視邊事之眞象，並助以謹遵總理遺教，瞭解
建國精神，擁護中央，鞏固邊防及官民合作等語。聞者感動。」〔註75〕儼然
是一種上級對民眾的宣講，等級分明，國威十足。此類描寫俯拾即是。

　　另一類此處需要論及的現象是，下去調查的學者所使用的特殊「交通工
具」，如背子、滑竿等。

　　首先需要說明的是，當時由於地理交通條件的限制，借用人力作爲交通
工具既符合當時的境況，也爲迫不得已。將人力作爲交通工具，並非調查者
的「發明創造」。在外人未進入之時，人力也是負物之工具；當外人進入而不
能適應艱險道路之旅時，人力則成爲背人之工具。民國以前，地方志少有相
關記載，偶有關於背夫的記載：

> 柴第巴差人採買柴薪，沿途每用烏拉，牛一頭每日賞雇價銀一
> 錢，驢騾每匹亦賞雇價銀一錢，每背夫一名一日賞雇價銀五分，在
> 於採買柴薪銀內發給，以裕民力，此達賴喇嘛格外體恤慈悲之意，
> 所有辦柴第巴等務須仰體遵行。〔註76〕

清末民初，尤其是民國以後，隨著外界人群的湧入，關於此類記載逐漸增多。
20年代，西方人將那些人群稱之爲「背上的民族」，稱這一現象爲「未被書寫
的史詩」，極具「東方氣質」。〔註77〕如果說西方人將中國的這一獨特現象「原

〔註73〕 李霖燦：《西湖雪山故人情──藝壇師友錄》，杭州：浙江大學出版社，2011
　　　　 年。第124頁。
〔註74〕 馬鶴天：《甘青藏邊區考察記》，馬大正主編：《民國藏事史料彙編》（第23冊），
　　　　 北京：國家圖書館出版社，2009年。第9頁。
〔註75〕 黃承恩撰：《使藏紀程》，梁公卿：《中國西南文獻叢書·西南民俗文獻（第九
　　　　 卷）》，（總第124卷），蘭州：蘭州大學出版社，2004年。第45頁。
〔註76〕 清·袁昶：《（嘉慶）衛藏通志》（卷十四上），清光緒漸西村舍刻本，第836頁。
〔註77〕 Dr. Joseph Beech, "The Eden of The Flowery Republic", *NGM*, Nov.1920.Beech 寫
　　　　 道：這些「背上的民族」，是這塊土地上未被書寫的史詩；因爲，他們像大力
　　　　 神一樣，把整個世界都背在身上：從大山裡挖出的煤和礦，山上的木材，城市
　　　　 裡修寶塔的石頭，田地裡的糧食──所有一切，全部背在背上，趕著他們的豬，

始化」、「詩意化」，並將其視爲與現代西方有偌大距離之實證，那麼，緊隨其後的中國國內雜誌刊物的相關報導也不分伯仲。尤將其作爲奇事新景報導的居多：有名爲「今國風」，〔註78〕有名爲「特殊風味」，〔註79〕不一而足。吟詩攝影者不計其數，有哀其不幸者，有怒其不爭者，更有將其作爲特別享樂者。

峨山美景：登山之背子〔註80〕　　　　峨眉山上的背子照〔註81〕

一起行走在去往集市的路上……當西方已進入飛行時代時，中國還在靠步行。這一時代終將改變，四川的雪山終將與歐洲的阿爾卑斯山一樣，迎來朝聖的旅遊者。但在這一時代到來之時，世界上最壯麗的旅途將要消失，東方氣質將隨著機車的到來而逝去。關於西方人眼中的背夫研究，參見羅安平：異域之境：美國《國家地理》的中國西南表述研究，四川大學博士學位論文。2014 年。

〔註78〕 語亭（輯）：《今國風——滑竿》，《時事月報》，1941 年。第 24 卷第 4 期，第 8 頁。

〔註79〕 頻子：《重慶幾種特殊風味——山橋·水上洗澡室·滑竿·男女同浴間》，《海光（上海1945）》，1946 年。第 5 期，第 10 頁。

〔註80〕 《峨山美景：登山之背子》，《圖畫時報》，1926 年。第 319 期，第 4 頁。

〔註81〕 《四川之陸地交通》（左·照片），《交通雜誌》，1934 年。第 2 卷第 10 期，第 1 頁。

　　上圖兩幅背人之照，均來自於峨眉山上的照片。一幅被稱之爲「峨山美景」，一副被稱之爲「峨眉山上的背子照」，前者被背之人安詳，像是因公入川的攝影家；後者被背之人得意開心，與背子表情迥異，疑爲旅人。這一高一矮的兩幅照片，透露的不僅僅是表情，更是身份的高與低。被背之人稱之爲特別的享樂也不爲過。《享樂圖畫月刊》中就畫有背子、滑竿夫的照片。

空襲之下陪都享樂〔註82〕

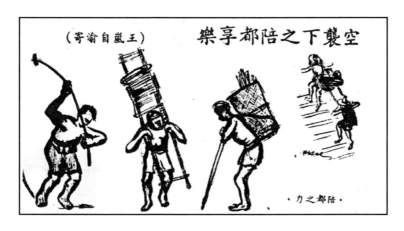

　　倒是電影教育家孫明經在拍攝電影《峨眉山》時，比較完整地記錄了滑竿謠，將滑竿夫樂觀、幽默、自豪的另一面形象刻畫了出來：

> 下溜坡，慢慢索，
>
> 右邊枝子掛，左邊讓他下。
>
> 天棚掃地，擡官過省
>
> 右邊站一排，朝右讓開來。
>
> ……

然而，我們依然可以從滑竿謠「擡官過省」中感知擡與被擡者之間的身份殊異。身份殊異無可指責，二者之關係尤其是在上者（被擡的「官」）如何表述在下者「擡者（滑竿夫）」，還可就當時知識分子，尤其是民族學、人類學家對民眾的態度進行探討。應該說，攝影家和旅行者對背子、滑竿等的報導都不如民族調查者來得細緻。民族調查的整個過程幾乎都是與背子同行。在後

〔註82〕王嵐：《陪都之力：（一）滑竿仿咈橋子（二）負擔者……》，《享樂圖畫月刊》，1941年（創刊號），第20頁。

來的文本中，調查人員記錄雇背子、滑竿夫的現象是極其普遍的，但是極少有詳細地記錄其生活及身份的，將其等同於純粹交通工具者俱多。徐益棠的行紀日誌中寫道：「十月十六日。履步屢跌，重上劃竿，滑竿夫步步留意，呼號甚慘，余則瞑目扣耳，置生命於度外矣。」〔註83〕作者幾乎未有與滑竿夫交流的描寫。

孫明經坐滑竿。〔註84〕　　　　報國寺附近往來滑竿價目表〔註85〕

有不那麼純粹的，就是此類「交通工具」還有一個嗜鴉片成性的毛病，〔註86〕這常常讓調查者頭疼，怕他們耽誤了自己的行程。遊記類文章記錄較詳：

> 滇黔路上山高坡大，旅客多以樺杆代步。樺杆夫多是四川人，就像闖關東的多是河北山東人一樣。他們一付樺杆一身衣服，身無分文離家上路，三五年回家一次。他們還是那套衣服只是破舊了，還是身無分文只是蝨子多了。他們掙的錢呢？都給了煙館賭場。樺杆夫多是煙鬼。他們不吸煙就沒法上路，倘若吸足了煙擡著樺杆爬坡，比我們空手的還快。傍晚到了旅店，先吸煙後吃飯。假如沒有

〔註83〕徐益棠：《西康行記》（下），《西南邊疆》，1940年。第9期。
〔註84〕孫明經：《孫明經手記：抗戰初期西南諸省民生寫實》，北京：世界圖書出版公司，2013年。第146頁。
〔註85〕《報國寺附近往來滑竿價目表》，《國立四川大學校刊》，1939年（11.1），第4頁。
〔註86〕馬長壽遺著，李紹明、周偉洲等整理：《涼山羅彝考察報告》，成都：巴蜀書社，2006年。第30頁。

生意就上賭場。他們一年四季一身衣服不洗不換，汗泥不知道有多少。坐在樺杆上，迎面的微風送來一股臭味，趕上大風還能飄來幾個肥似麥粒大的蝨子呢！

　　　　看到他們吸鴉片和賭博，令人憎恨，看到他們貧窮的生活，又令人憐憫。〔註87〕

對「交通工具」怒其不爭者居多，而哀其不幸者在文本中表露較少，不知是「目光向下」得不夠，還是怕其有擾文本的主題。總之，很少有調查者對背夫、滑竿夫有「同情地理解」類表述，更多狀態表現爲人對物（交通工具）的權威性使用。

第四，文本結構的力量與權威性。在一本規範的民族調查報告中，如《湘西苗族調查報告》，會故意避免表述者的出現；而在一本非規範的報告中，卻常常看到表述者作爲複數（集體代言人或官方代言人）的存在。鑒於前者，本章討論了涉及到敘事主體的，如日誌，行紀文類文本，此處不論；鑒於後者，本研究納入了其它非規範文本進行討論，此處稍作論述。

非規範文本的結構，常常會溢出上述所論及的民族歷史、地理及文化描寫，如在報告前或者其它行文中寫到調查目的或在報告後建言獻策，提出治夷良方等。如任映滄的《大小涼山倮族通考》，在「導言」中鋪陳各方調查報告中描寫涼山之悲慘情形，提出應解放涼山奴隸人民的方法，故有詳細的報告產生。最後闢專章講「策略之檢討」，結尾還談「近百年解放涼山奴隸之呼吁」。〔註88〕雖然以「倮族通考」學術性標題命名，但內容卻爲政府建言獻策之「報告」性質。〔註89〕劉錫蕃的《嶺表紀蠻》共三十章，而最後一章爲「治蠻芻議」，共提出治蠻建議三十三條。〔註90〕

有意思的是提要。讀提要即知道作者著此書之目的，請看《嶺表紀蠻》之提要：

一、讀本書者，由各蠻族之「姓氏」「干支」「語言」「歷史」各方面
　　研究，可以推斷其與漢族確爲同一種族之民族。
二、讀本書者，由各蠻族之「風俗」「宗教」「政治」「語言」「交通」

〔註87〕引自崔毓俊著，崔澤春縮寫：《到西南去》：http://blog.sina.com.cn/s/blog_4cdc7dee01000894.html
〔註88〕任映滄：《大小涼山倮族通考》，西康：西南夷務叢書社，1947年。
〔註89〕同上。
〔註90〕劉錫蕃：《紀表嶺蠻》（1934），臺北：南天書局，1987年。第285頁。

各方面研究，可以窺見其所以不易進化同化之種種原由。

三、讀本書者，可知各蠻族入據中原之先後。於何時以何種之機會，南向移植，南移而後，又以何種機會，衝突融合，各散播其勢力於珠江流域，而造成今日之局勢。

四、讀本書者，可知歷代南移之漢族，至何時而種其勢力；至何時而奪取蠻族一部及全部之政權；至何時而將蠻族社會之舊勢力，全部推翻，根本改造，使蠻族社會之形式，一變而爲漢族之形式。

五、本書對於各蠻族所受「種族上」「經濟上」「政治上」之慘酷壓迫，及其生活不安之種種狀態，詳舉無遺，俾讀者深知中華民國內部各行省區域之內，尚有比較美洲黑奴未解放以前尤爲痛苦之民族。

六、讀本書者，向前面看，可知古代民族生活之情形；從平面看，可知現代蠻族社會之實況；向後面看，可知蠻族之不開化，則於政治方面，不易推行；黨國方面，爲有污點；而內訌外侮，將來尤易惹起重大之糾紛。

七、讀本書者，既知蠻族生活上之實在情形，則於「政治上」「教育上」所有關於治理蠻區之問題，著手進行，庶有把握。

八、讀本書者，於「民俗學」「民種學」「社會學」「史輿學」之各方面，俱可得到相當之參考。

九、本書所紀蠻族之生活，雖則注重桂省，但關於必要時，亦兼及桂蠻之外各省蠻族之狀況，以證明其彼此相互之關係。故桂蠻爲主體，黔滇湘粵諸蠻爲賓體。

十、本書所紀蠻族之生活，雖則注重現狀，但關於必要時，亦兼追敘往昔，以證明其前因後果之關係，故現時之蠻族爲主體，而歷史之蠻族爲賓體。

十一、本書爲省問文計，書中所稱蠻族，即包括全體或前文所指之蠻族而言，非關於必要時，不將其個別名稱標出。

十二、調查蠻民生活狀態，爲一最困難之問題；交通險惡，瘴癘眾多，可置勿論。即入其地，非有相當之職務，長久之時間，良好之嚮導，節會之日期；亦不易得其情實。著者所經蠻區，

機會不一，故所知所聞，詳簡互異。

十三、各蠻族中，有爲長期部落分化者；有爲蠻族交互融化；或與漢人同化者；更有以漢人而蠻人化者，因而表面雖同一族系，而各有不同之習俗及信仰，本書所紀風尚，容或未能包舉該系全部民族之行爲。〔註91〕

有的提要直接在目錄中顯示，任乃強的《西康圖經（境域篇）》可算得上是一個比較完美的案例，而且只需從作者自己加以簡要闡釋的總目中即可看出其論題所要達到的目標。

《西康圖經（境域篇）》總目：

第一篇　境域……說明西康境土之消長，與解決漢藏界務問題之正標。

第二篇　地記……說明康藏地名意義，糾正前人謬誤，統一今後譯稱。

第三篇　交通……說明西康一切交通狀況，討論交通建設。

第四篇　產業……分析西康產業狀況，討論經濟建設諸大端。

第五篇　民族……說明西康民族之性格習俗，以爲同化邊民之準備。

第六篇　宗教……說明西康佛腳勢力之偉大，隱示統治康人之要旨。

第七篇　酋長……敘述西康土酋之淫威，以爲今後施政之取鑑。

第八篇　吏治……記述歷世治康人員之軼事，說明今後施政之正軌。

第九篇　外患……揭發垂涎西康諸國之野心，與其著手經營之程序。

第十篇　史鑑……蒐羅關於康藏之史料，編成整個的康藏歷史。

第十一篇　關於西康之圖書……介紹並批評關於康藏之著作。

〔註92〕

以上的非規範文本結構分析至少可以說明：第一，他們所撰寫的調查報告，更多承繼的是方志書寫傳統，《大小涼山倮族通考》與《嶺表紀蠻》這樣的報告名稱，也並非當時的現代文體「調查報告」。然而，這絕非說上述兩部文本僅限於傳統調查，其中同樣滲透著鮮明的現代進化論思想，其中也有「性質與體質」這樣的書寫章節（《嶺表紀蠻》），也有與當地民眾的簡單交流，以傳播現代民族國家觀念，如上文所論及《嶺表紀蠻》專闢一節名爲「蠻人國

〔註91〕劉錫蕃：《嶺表紀蠻》，上海：商務印書館，1934年。

〔註92〕任乃強：《西康圖經（境域篇）》，臺北：南天書局，1934年。第 1 頁。

家觀念的測驗」。可以說，其文體介於方志與民族誌之間。但是，這種文本又
呈現出非方志、非民族誌部分，這些部分更可歸類爲調查報告。因此，此類
非規範文本，至少呈現出三類文本特徵，即方志、民族誌、調查報告。它所
兼具的特徵分別對應的思想觀念爲中原中心歷史觀、客觀記錄與表述、向上
級及國家獻言獻策的彙報。第二，可以說，大多非民族學、人類學出生的學
者或官員，都不會規避在報告中出現主觀性極強的建言獻策，而這恰恰與當
時西方所倡導的科學民族誌相去甚遠。當然，這也不是他們的學術目標。最
後需要說明的是，本書在此論證的目的並不在要求作者按照民族誌規範體例
進行寫作，而是要從這些廣義的民族誌文本，非規範的調查報告中，去探求
其背後所表徵的集體話語，這種集體話語即是文本權威。此類非規範的民族
誌文本的權威與規範的文本權威息息相關，他們經常在文本中相互引證並相
互闡釋（如前文所舉《水擺夷風土記》等文本）。

　　以上論述了調查者如何通過話語的方式構建了文本權威。這裡不僅要追
述文本權威背後的表述權力，而且還需追問，這種表述權力是如何形成的？
話語背後的政治語境又當作何分析？它爲何如此有效？這裡需要分析知識分
子所處的國家語境。

第三節　「化」西南：從教化到同化

1. 國家話語

　　時代巨浪是什麼？現代人類學所記錄的異文化多樣性與民族國家之間的
關係應該如何處理，一直是民國以來各界知識分子討論的話題。自孫中山的
「驅除韃虜，恢復中華」的種族革命，轉化爲「五族共和」的民族革命以後，
民族國家觀念迫使當政者尋求一條民族融合之路，即同化之路。

　　在當時的民國期刊上，有關「同化」的言論不計其數，其內容主要包括
兩個方面：第一，強調民族同化論，包括「五族同化論」、各族同化論等。第
二，追述「民族同化史」，實質爲漢族同化之歷史。

　　從「五族共和」的提出開始，「五族同化」的論調隨即同行。最典型的是
吳貫因 1903 年在《庸言》上發表的《五族同化論》：

　　　　漢、滿、蒙、回、藏五民族，其初固非單純之種族，而實由混

合而成之民族也。夫人種相接近，由種族之事故，而融合交通，世
界歷史上實數而不鮮，固非獨中國而已。而我中國先民，既能融合
漢土諸小族，而成一漢族；融和滿洲諸小族，而成一滿族；融合蒙
疆諸小族，而成一蒙古族；融合回族諸小族，而成一回族；融和藏
洲諸小族，而成一西藏族，況今日國體改爲共和，五族人民負擔平
等之義務，亦享受平等之權利，既無所偏重，以啓種族之猜嫌，自
可消滅鴻溝，以使種族之同化。則合五民族而成一更大之民族，當
非不可能之事。〔註93〕

吳貫因的言論，當爲建立共和之不二選擇。按照徐新建的觀點：中華民國倡
導「共和」的歷史意義包括兩個方面，一是超越早期「同盟會」主張「驅除
韃虜，恢復中華」的種族立場，通過倡導多民族合作而得以繼續擁有並經營
帝國的領土和族群遺產；再就是引進西方——主要是美式的共和觀念，通過
民主政治使帝制王朝邁向現代國家。〔註94〕不過，此時「邁向現代國家」而
共同禦外的目標才是首要之選。因此，此時的同化，實爲「混合」，不強調種
族歧視，也不強調漢族以外的少數民族因其落後需要文明教化，而更多地強
調民族平等，消滅鴻溝。誰同化誰，如何同化，還是其次的問題。

　　從當政者的立場來看，同化言論達到頂峰的是蔣介石授意、陶希聖執
筆，於 1943 年發表的《中國之命運》。《中國之命運》構建了國族（民族）
的框架，這個框架總的名稱叫「中華民族」，其它各族叫「宗族」。這種以「宗
族」替代「民族」的做法試圖將中國在政治觀念上建成民族－國家（即一個
民族，一個國家）。怎麼建成、融合？融合的方法是同化：

　　　　就民族成長的歷史來說：我們中華民族是多數宗族融和而成
　　的。融和於中華民族的宗族，歷代都有增加，但融和的動力是文化
　　而不是武力，融和的方法是同化而不是征服。〔註95〕

對於「同化」問題，《中國之命運》這樣寫道：

　　　　宋代的國防，不足以保障民族生存的領域。契丹（遼）與女眞
　　（金）都是中國北部與東北方面生活未能完全同化的宗族。他們乘

〔註93〕吳貫因：《五族同化論（續前號）》，《庸言》，1913 年第 1 卷第 9 期。
〔註94〕徐新建：《現代中國的多元歷史——從辛亥百年看多民族共同體的文化兼
　　　　容》，《社會轉型與文化轉型——人類學高級論壇 2012 卷》，2012 年。
〔註95〕蔣中正：《中國之命運》，臺北：黎明文化事業股份有限公司，1976 年。第 2
　　　　頁。

宋代民風委靡，政治紛亂，軍事衰頹之際，併吞四鄰各宗族而成爲強悍的勢力。他們雖先後入據中原，然他們仍先後浸潤於中原的文化之中。蒙古的興起，與契丹女眞，事同一例。成吉斯汗馬蹄踐踏的版圖，超越了中華民族生存所要求的領域以外，然而自忽必烈稱帝以後，中國固有領域以外的部分即與中國的國家組織分離，因而忽必烈以下的宗支，獨同化於中華民族之內。滿族入據中原，其宗族的同化，與金代相同。故辛亥革命以後，滿族與漢族，實已融爲一體，更沒有歧異的痕迹。〔註96〕

此處的歷史追述中，「宗族」與「滿族」等同時並稱，顯示出民族改換宗族的矛盾。顯然，滿族存在的事實是無法改稱爲「宗族」之存在。因此「宗族的同化」之說是否可以繼續維持，是一個值得思考的問題。

不過，此段的言論其實透露出「同化」之正當性，爲何正當？因爲中國的正史提供了非常充足的理由，因此，整個民國時期，大凡談到同化問題，都可能有「民族同化史」之追述。如民族史學家任乃強說：

漢族同化能力向稱偉大。纜武強梁如東胡鮮卑氐羌苗蠻女貞諸族，一經接觸，即歸泯滅；況西番雍容和善之族乎。雲南土民，號稱一百餘種，在我漢族政教之下，千年以來，除回民一度作亂之外，率皆戢然向化，未有騷亂；況西康單純一致之族乎。過去西番之所以未被同化者，特以道路梗塞，漢番接觸甚稀，文語隔閡，情感不通敵也。〔註97〕

在任乃強的論述中，「民族同化史」實爲「漢族同化史」。

何爲同化？同化來自於生物學的概念，後被社會科學所借用。而對人文學科來講，這一概念更注意兩種文化的區分，並且總有一種文化占主導。美國社會科學研究會認爲：同化「在根本上，乃是一個文化單方面朝著另一個文化去接近，儘管另外的那個文化在變或在前進」。派克（Park）與蒲其斯（Burgess）對同化所下的定義是：「個人和團體習得他團體文化的過程，他們生活於他團體之中，並採用該團體的整個生活方式」。〔註98〕可見當同化進行

〔註96〕 同上。第3～4頁。
〔註97〕 任乃強：《西康圖經（民俗篇）》，臺北：南天書局，1934年。第219頁。
〔註98〕 芮逸夫主編：《雲五社會科學大辭典》（第十冊‧人類學），臺北：商務印書館，1971年。喬健教授注「同化」。第122頁。

的時候，個人或團體捨棄自己的文化，採用另外一種文化。

1903 汪榮寶等《新爾雅・釋教育》解釋：觀察事物，得其同類之觀念，互相融合者，曰同化。〔註99〕在中國，用「同化」一詞以區別於「漢化」，是想強調「同」的層面，以示各族的平等。從理論上看，這也是一種民族認知上的進步。這從當時積極推行同化實踐的楊森與馬長壽的同化理論可以看出。

楊森的《貴州邊胞風習寫真》一書，實為「同化」的實踐明證。對於什麼是同化，他這樣解釋：

> 「共同進化」，就是說，凡我中華國族，都要明白優勝劣敗，強食弱肉的道理，強者要扶助者，智識高者要扶助智識低者，彼此互相幫忙，大家只要同心同意，一齊向好的方向走，凡是壞的，落伍的，我們一切都要避免，都要革除，進步的，我們一切都要學習，都要接受。〔註100〕

然而，誰需要進化，誰弱，誰智識低，在楊看來是顯而易見的事。楊奉行蔣介石的主旨，「中華民族境內，只有一個國族」，由此推行了很多實為漢化的政策，從語言、服飾、髮飾等各方面都有體現，其目的是要將苗夷納入漢化的軌道，掃除其「語言、生活、服裝、習尚皆堪自為風流」的習俗，改變其「無國家民族之觀念」的狀態，增強其國族認同感。〔註101〕

2. 同化民族

馬長壽於 1947 在《邊政公論》上發表了《論統一與同化》一文。在馬先生看來，文化統一（同化）是解決邊政問題的核心和關鍵，現在不是討論該不該同化的問題，而是討論如何同化的問題。而文化統一是指文物制度的統一，但決不是漢化。因為「漢族文化本身是有許多問題的，在中原已經行不通，當然我們不能提出再實施之於邊疆」。鑒於此，馬先生主張重新估定漢族文化與邊疆民族文化的價值，「立幾個標準或原則。合於此標準者保留

〔註99〕黃河清編著，姚德懷審定：《近現代辭源》，上海辭書出版社，2010 年。第 742 頁。

〔註100〕陳國鈞：《貴州省的苗族教育》，《貴州苗夷社會研究》，貴陽：文通書局，1942，第 47 頁。轉引。

〔註101〕此類分析已非常多，詳見張慧真：《教育與民族認同：貴州石門坎花苗族群認同的建構》，《廣西民族學院學報》，2002 年。第 24 卷第 4 期。

它，宣揚它，使它成爲中國整個國族標準文化模式，然後發動民族文化運動，使中原的與邊疆的民族都模仿它，應用它，至少使原有制度與之相輔而行，不可背道而馳」。可見，在馬氏這裡，同化的意思是按共同的標準變化。但是，這個標準怎麼定呢，有六個原則，包括進步的原則、民主的原則、適應的原則、理性的原則、輕重的原則和多數的原則。仔細分析這六個原則，特別是進步與多數的原則，其漢化傾向性也是非常明顯的。〔註102〕

稍後，馬長壽又發表了《少數民族問題》一文，在此篇中，馬長壽採用世界的眼光，論述了少數民族的意義、性質、類型。在關於少數民族的類型中，馬長壽強調了兩種類型：多元主義的少數民族與同化主義的少數民族。最後重點強調了「同化主義的少數民族（the assimilationist minority）」，不過，在這之前，他也強調須有「多元主義的少數民族（The pluralistic minority）」。多元主義的少數民族是異文異種並行不悖，並育不害，此爲大同境界的第一道門限經過。最後經過到哪裏呢？即爲同化主義的少數民族。多元主義的少數民族運動，進展到另一階段，即爲同化主義的少數民族的結構形式。「同化主義的少數民族，它們不像多元主義者的安於寬容態度和文化自主。他們要在社會不壓迫的團結之下，努力爭取參加大社會生活的機會。它們爲自我發展，以開拓人民到最大可能限度的方法，融化少數民族於大的全體社會之中。」〔註103〕

誰同化誰？在這一問題的選擇上，進化論又佔了上風。任乃強用牛頓之萬有引力定律來定義同化，云：兩物體間之引力，與其質量爲正比例，與其距離爲反比例。兩民族之同化關係，亦正如此，余故模擬前語，創爲同化定律云：兩民族間之同化力，與其文明程度爲正比例，與其距離爲反比例。意思是說，漢族如果文明程度高，那麼其同化力就強大。任乃強的驗證方式是：

> 漢族同化能力，夙稱偉大，附近民族，莫不受其陶鎔；獨彼西人東來，未被同化，漢族反有同化於彼之傾向；而歐西政府，卒亦不能同化我海外僑民者，似皆可以此定律解釋之。其他例證殊多，毋庸悉舉。然則漢族同化番族之難易，亦即可以此定律退而知之矣。

〔註102〕馬長壽：《論統一與同化》，《邊政公論》，1947年。第6卷第2期，第9～16頁。
〔註103〕馬長壽：《少數民族問題》，載中山文化教育館編：《民族學研究集刊》（第6輯），重慶：商務印書館，1948年。第13頁。

在這裡，任將漢族的文明程度比之西人，因爲誰也不能同化誰，說明文明程度相當。如今，按此同化定律，「番文明程度，適足與我族周秦之際相當。換言之：即我族較之番族，先進二千二三百年。此番族所以易受我族同化之故耶。」然而數千年來，番族竟未受我同化者，交往斷絕距離太遠故也（謂人的距離，非謂地的距離）。〔註104〕其實，任的說法代表了知識界的主導思想，即凡是沒有受自然條件阻隔的，番族很多已被漢族同化；凡是因爲自然條件阻隔的，其社會內部自成系統，諸如「獨立羅羅」等。與漢族相比，既成爲落後的過去，也成爲同化的對象。

魯迅的論調與任乃強相當。在《老調子已經唱完》一文裡，他這樣表述：我們爲甚麼能夠同化蒙古人和滿洲人呢？是因爲他們的文化比我們的低得多……倘使別人的文化和我們的相敵或更進步，那結果便要大不相同了。他們倘比我們更聰明，這時候，我們不但不能同化他們，反要被他們利用了我們的腐敗文化，來治理我們這腐敗民族。〔註105〕當然，魯迅的重點不在於討論同化問題，但從魯迅對同化的認識可以看出，文化的高低決定了誰同化誰，誰被同化，其帶有鮮明的時代進化論，他強調的是中國應該放棄舊的（傳統）老調子。顯然，在魯迅的同化觀念裡，已引出了同化之時必須面臨的文化差異與等級區分問題。

因此，「同化」這一概念難以逃離「漢化」之嫌。即使在學術調查報告中，漢化的提法也是常見的。楊成志在西南調查時不自覺地這樣流露：我想起涼山可以開化，盡我的力量所及，就兩個酋長的兩個漢人先生李顏兩君任當教員在諸路磨開和斯古開辦了兩間小學；同時我更設法帶許多個比較漢化的「蠻子？」渡江來巧開開眼界，使他們明白漢蠻進化和野蠻的區別。〔註106〕甚至強調「均衡論」，用功能主義方法撰寫的《涼山夷家》的作者林耀華也這樣說：保頭老穆問我可否蓋一所小學，並問政府能夠來此興辦教育事宜。我聽見極爲高興，知道夷人有嚮慕漢化之心，就極力說明教育的重要，並代他計劃興建小學，地點在此最爲合宜。後來打吉也談到這個問題，極望此地有學校的成立。夷人既有向化之心，我們自應極力成全他們的願望。〔註107〕

〔註104〕任乃強：《西康圖經（民俗篇）》，臺北：南天書局，1934年。第234～235頁。
〔註105〕魯迅：《老調子已經唱完》，《魯迅全集》（第7卷，集外集・集外集拾遺），北京：人民文學出版社，2005年。第324頁。
〔註106〕楊成志：《楊成志人類學民族學文集》，北京：民族出版社，2003年。第38頁。
〔註107〕林耀華：《涼山夷家》，昆明：雲南人民出版社，2003年。第118頁。

不過，當時中國民族學、人類學的本土化實踐活動無一不是始於國家存亡與民族復興的強烈危機與使命的感召，因此，「救亡與啓蒙」的雙重變奏在邊疆民族中的鮮明體現也成爲常理之事。所以「漢化」的傾向難以掩蓋。並且在以同化爲說辭的漢化過程中，一條是沿著歷史以來的「教化」路徑，一條是現代國民的「教育」路徑。

前者在民國時期也常被提及，比如何海鳴曾撰寫《論文明與教化》，認爲：「文化的極點，應爲教化，而此教化之崇高至上處，應具有足以教導世界全人類的最具足的性能。我東亞人需要重新建立大東亞的新文化，與儒佛合一的眞正大教化，迴向四方，推行全世，藉以結束世亂，共躋大同，自仍須在此教化上，應切實多加一番之建樹與推進。」〔註108〕潘光旦也認爲，諸如孔祥熙「孔子遺教與民族前途」的演講詞與教育部部長陳立夫「教師節致全校導師書」的公開信，都屬於「有關民族教化的文章」。〔註109〕而國民政府層面，更未迴避教化一詞的運用。1935 年 11 月，國民政府第五次全國代表大會即提出「重邊政、弘教化，以固國族而成統一」的宣言。

德格縣立小學校園牆上的標語〔註110〕

〔註108〕何海鳴：《論文明與教化》，《中日文化》，1942 年。第 2 卷第 10 期，第 11 頁。

〔註109〕潘光旦：《兩篇有關民族教化的文章》，《今日評論》，1939 年。第 2 卷第 12～14 期。

〔註110〕孫明經攝影，孫健三撰述：《定格西康──科考攝影家鏡頭裡的抗戰後方》，桂林：廣西師範大學出版社，2010 年。第 192 頁。

　　「教育」是幾乎所有同化手段中都會提到的措施之一。在當時的知識分子看來，「邊疆民族，因教育程度低落之關係，其國家觀念之淺，民族意識之薄，較內地尤有過之，因此，實現國族主義應從邊疆教育下手」。〔註111〕吳和在《中國民族同化問題》中提出同化之教育：

　　　　中國內地人民，識字的已少，而邊疆更是少極了。幾十里或幾百里不見一個識字人，不算稀奇的事。這樣的民智，怎能將國內大事，世界知識，以及三民主義，灌輸給他呢？什麼同化問題，他們更莫名其妙了。至於邊疆教育，所以如此惡劣，完全因為交通不便，人口少的緣故。將來如果實業計劃實現，邊疆人口多了，第一要事，是急需實行邊疆教育。這於民族同化問題，是有很大關係的。〔註112〕

可以看出，「同化」成為延續自帝國時代「教化」傳統，〔註113〕「化被草木，賴及萬方」的思想，與古代相比，語境有異，做法有別，但有「同工」的意味，均是要歸入「邇邐一體」，借「現代教育」國家建構手段，將當時的邊疆少數族群化外於內。更值得注意的是，同化的實施，並不僅僅在於消除當時知識分子的悲歎：「悲哉！……夷人未歸政府統轄，夷地幾成化外」，〔註114〕更在於團結禦侮，共建國族之意。

　　在如此學術與政治合力推動的「同化」語境之下，再加之因襲傳統的現代知識分子所具有的「民族」心態，其心中丘壑經緯，皆在為新國、新民，這使得民國時期的西南民族調查，難以避免在國族建構的框架下，成為以「現代」而「化」民族的一種工具和手段，這種「為我所用」的調查精神，掩蓋了被調查的異族（他者）在各種層面的反應、抗爭與糾結。

　　綜上所述，本章所討論的問題是，民族誌在田野實踐中本應該有這樣的面向：文本規範，科學方法以及對他者的認識論。這些因素雖然都很重要，但是在當時的情勢下，文本中隱含或表徵著不時游離出上述規範之處，這些

〔註111〕懷瑾：《社評：實現國族主義應從邊疆教育下手》，《邊事研究》，1936年。第4卷第3期，第6～7頁。

〔註112〕吳和：《中國民族同化問題（下）》，《革命外交》，1930年。第23期。

〔註113〕楊正文：《同化問題：民國時期國族建構的思想與邊疆實踐——兼以任乃強先生〈西康圖經·同化問題〉為例》，《任乃強與康藏研究學術研討會論文摘要》，2009年。

〔註114〕唐興璧，毛筠如：《雷馬屛峨夷務鳥瞰》，四川省民政廳叢刊，1941年。導言。

游離的部分，正是引向了一個中心的議題，即（西南）民族與國族建構問題。民族調查，成爲解決這一問題的絕佳材料。

結　論

1. 西南民族誌的文本含義

如果說中國有「古代民族誌」的話，那麼不妨將民國時期的民族調查稱之為「中國現代民族誌」，其特點可以從民族誌所具有的三個含義或維度進行總結。

民族誌的第一個含義是作為文本形式呈現的調查成果。這正是本書所關注的重點。其實，民族誌一進入中國，即兼容中外，涵蓋古今，這一特點有助於學界很好地反思所謂「人類學本土化」、「民族誌本土化」問題。所謂本土化，首先表現在文本成果的形式上，即本書討論的民族誌文本體例。

首先，從體例上看，一是有別於當時西方民族誌體例，即增加溯源研究；二是吸收了中國傳統方志體例，在非規範的民族誌文本中有大量運用；三是融和了「調查報告」這一現代文體。

其次，從觀念上講，民國時期的民族調查（民族誌）在一定程度上吸收人類學平等觀念，試圖突破傳統中原中心觀，但受傳統方志觀念及近代民族主義情緒影響，傳統中原中心觀念，又演變成為建立新的民族國家而以漢族為中心，整合、團結邊疆少數民族的國族觀念。

第三，從內容上說，民國時期（中國早期）的民族誌書寫涉及內容很豐富，囊括了人類學理論自開創之時的三類論述方式，即歷史、地理和文化特性，其中包含普世論、特殊論或比較論。〔註1〕但在具體表述中又有所超越：

〔註1〕　〔美〕威廉・亞當斯著，黃劍波、李文建譯：《人類學的哲學之根》，桂林：
　　　　廣西師範大學出版社，2006 年。第 5 頁。

他者即我們（普世論）──從族源追溯他者與我（漢）族同源；

他者是非我（特殊論）──從地理空間區分出不同於我（漢）族的群體及其文化；

他者乃以前的我們及未來的我們（比較論）──從少數民族的原始宗教等看其保守，從少數民族婚戀觀及女性服飾等看其進步。

在筆者的分析中，民國民族誌的框架體例兼及了中國傳統方志的部分內容，同時又結合了西方田野調查需要處理的諸多問題。在本土化的問題上，更多模仿民族誌文本也提及治理少數民族現狀的策略等問題。這樣的體例框架，並不僅僅爲了創造一套屬於中國特有的人類學表述模式，而是爲了更好地適應當時的調查語境。這還涉及到民族誌的第二、第三個含義。

民族誌的第二個含義在於通過調查進而顯示出調查者認識人群（人類）的方法。不可否認，現代民族誌在對待中國少數民族的問題上已超越了古代民族誌，即由中原文化立場（漢族中心）開始傾向於中華民族（國族）立場（多元一體、一體多元），至少開始關注到如何在統一國家中處理多民族問題。只是更多如第三章所討論的那樣，在當時的語境下，民族多樣性問題注定要被納入重建中國歷史的巨流之中。所以，上面所講的中國民族誌形成的文本框架也體現了重新認知中原與邊疆、漢與非漢關係的觀念與方法。

作爲調查過程的田野實踐，是民族誌的第三個含義。實質上，中國早期的民族調查並不被當時的學界稱之爲過於學術的「民族誌」，〔註2〕這本身就是一個值得討論的話題。因爲中國民族誌的重要使命是要促成民族知識在中國的誕生，尤其是在少數民族地區的普及。事實上，民族誌（民族調查）起到了相當有效的作用，主要體現在當時的調查者在實踐過程中的行爲、舉動。即一邊調查少數民族，一邊將自己的知識與觀念傳播給少數民族。

爲何中國早期民族誌會呈現上述特點？民族誌在中國語境的含義有哪些擴展？下面分別論之。

〔註2〕只有極少數這樣稱呼。見《第八章 雲南民族誌的資料》，國立中山大學語言歷史學研究所週刊，1930年第129～132期。在以關鍵詞「民族誌」搜索民國期刊時，很少從學術意義上來討論民族誌的。但以「調查報告」進行搜索，卻有大量的文章出現。http://www.dachengdata.com/search/search.action。

2.　「『民族學』的詢問與記錄」〔註3〕

　　從蔡元培正式引入民族學的那一刻起，無論是民族學還是人類學，所發揮的作用均在於摸清中國邊地民族「同胞」，使其「早臻文明」。但是，其時進行的所有田野調查，都叫做民族調查。當時，曾留學法國學習了社會科學的楊堃在介紹「民族學與人類學」時，仔細梳理了二者的譜系及二者關係的流變。他認爲，人類學雖然比民族學出現更早，但是民族學成爲一門科學卻早於人類學 20 年。但 19 世紀開始，人類學壓倒民族學，民族學幾近銷聲匿迹。可是 20 世紀以來，民族學開始擡頭，並與人類學並提。楊贊同民族學與人類學是「雙生科學」的觀點，〔註4〕並認爲，在人類學與民族學的各種紛爭中，人類學應取其狹義之義，即專攻「人類之體質的研究」。於是，他梳理並認同這樣一種定義：

　　　　　民族學早已成爲獨立科學；它已有了自己的方法（民族學方法）與對象（蠻族社會及其文化），而與人類學的方法（人類體質研究法）與對象（人類種族之體質研究），絕不相同……換句話説，人類學是一生物科學，而民族學則是一社會科學；二者道不相同，不相爲謀。
　　〔註5〕

淩純聲也說：

　　　　　人類學（Anthropology）與民族學（Ethnology）之分，前者是研究人類的本質及人與萬物關係的學問，與民族學又是不相同的，但英美學派所研究的文化人類學（Culture Anthropology）則與民族學相差無幾了。〔註6〕

　　而回頭再看蔡元培 1926 年發表的《說民族學》一文，也強調「人類學是以動物學的眼光觀察人類全體，求他的生理上心理上與其他動物的異同；……現今民族學注重於各民族文化異同，頭緒紛繁，決不是人類學所能

〔註3〕 這裡借用英國皇家人類學會編訂的《人類學的詢問與記錄》，改爲「民族學的詢問與記錄」，並討論「人類學」爲何變爲「民族學」。見英國皇家人類學會編訂，周雲水譯：《人類學的詢問與記錄》（第六版）（序），香港：國際炎黃文化出版社，2009 年。
〔註4〕 楊堃：《民族學與人類學》，《北平大學學報》，1935 年第 1 卷第 4 期，第 37～48 頁。
〔註5〕 同上。第 50 頁。
〔註6〕 淩純聲：《民族主義與民族學（演講）》，楊長春，孫兆幹（記錄），《國立勞動大學周刊》，1931 年，第 18 期第 1 頁。

收容，久已離開人類學而獨立。」〔註7〕楊堃的觀點基本承接蔡氏的觀點，並認為人類學實為民族學的「引路杖」，而關於「田野的研究」（field Studies），也只在談民族學時提到。〔註8〕同時，如前文所論，楊堃也贊同蔡元培「民族學是關於民族的比較，民族誌是關於民族的敘述」的觀點。

在當時的知識分子看來，民族學更適合當時中國的政治語境，乃是因為民族學是與民族主義相關聯的。1931 年，凌純聲專門作了《民族主義與民族學》的演講，在演講中，他這樣說道：

> 兄弟本想講民族主義與社會學的，但因感一般人對民族主義與民族學時起誤解，故改講本題。譬如兄弟在歐洲的時候，有人問：你學什麼東西？我說學民族學，那人以為我所學的東西最適合於中國的需要了，因為現在中國正在民族革命時代，你能將所學的結果，回去將三民主義發揮而廣大之，豈非對中國前途有莫大的貢獻嗎？同時在中央，也以我是學民族學的，所以叫我來講民族主義。其實「學（Ology）」與主義「Ism」是完全不同的，截然的兩件東西，不過有時由「學」亦可成為「主義」，這是兩者的相聯絡點。〔註9〕

蔡元培關於民族學的觀點以及對民族調查的倡導，之後又主持並成立「國立中央研究院社會科學研究所民族學組」，影響了中國學界對中國少數民族調查性質的認知，即中國少數民族的調查更多被認定為民族學調查而非人類學調查。凌純聲介紹當時英國皇家學會的調查方法，也被其稱之為《民族學實地調查方法》（1934），但實際上，《人類學的詢問與記錄》採用泰勒的分類法，將人類學分為體質人類學與文化人類學兩類。並且關於體質人類學部分，在整本書中所佔比例不及二十分之一。〔註10〕顯然，中國學者在人類學的定義上並沒有採用當時英國學者的觀點，他們更認為，以博厄斯為首的美國學派所言研究社會與文化的人類學，實質上就相當於民族學。〔註11〕這也使得流通於當時人類學民族學家手中的《人類學的詢問與記錄》變成了「民族學的詢問與記錄」。其實，在他們看來，對於當時的中國少數民族調查而言，民族

〔註7〕 蔡元培：《說民族學》，《一般》，1926 年第 1 卷第 1～4 期。

〔註8〕 楊堃：《民族學與人類學》，《北平大學學報》，1935 年第 1 卷第 4 期，第 51～52 頁。

〔註9〕 凌純聲：《民族主義與民族學（演講）》，楊長春，孫兆幹（記錄），《國立勞動大學周刊》，1931 年，第 18 期第 1 頁。

〔註10〕 同上。第 42 頁。

〔註11〕 同上。第 36 頁。

學更重要或者說更有效，這使得他們眼中的民族學的重要性大於人類學。這種傾向性認同使得調查者們稱自己的報告爲「某族調查報告」，學者們在理論探討時也更多地提到「民族學」而不是「人類學」，實在不足爲奇。

　　事實上，人類學進入中國，經本土化後更偏向於民族學。從本書的分析來看，民族學，成爲當時中國知識分子瞭解中國少數民族的學問，當然，這無可非議，也甚是有效。但民族誌在實踐層面上不自覺地成爲傳播民族知識的工具，而傳播民族知識的目的，也是爲了讓「邊民」成爲「國民」。再說「民族誌」的「民族」，作爲「人群」的概念，有時隱含爲「國族」，有時又窄化爲「族群」；前者表現在民國時期的民族調查，後者表現在新中國成立後爲每個少數民族編寫「簡誌」。

3. 西南民族誌：表述轉換後的「國族誌」

　　林耀華先生在 90 高齡的時候，談到他在涼山調查時幫助他理解涼山的彝族人打吉，精確地計算「文革」期間他挨了多少次整。他爲什麼要計算這麼清楚，林先生很是不解。最後，林先生留有這樣的遺憾：

　　　　對於他們怎樣理解我們漢人，我卻幾乎一無所知。人類學家的
　　任務本來就是理解人，可我究竟在多大程度上理解了打吉和我們自
　　己，這卻仍是個問題。〔註12〕

這是人類學的本質問題！林先生討論的是人類學家一直以來的難題，也揭示了那個時代的調查者，儘管有人類學民族學的基本理論，但由於過分在意「學術救國」思想，在短時間內，對調查對象（客體）未能深入的瞭解，以至於迷惘和惆悵，甚至對自我行爲本身進行追問。

　　就調查者而言，應時而生的民族誌成爲民族（國族）情結的表達方式之一，這使得凌純聲等的考察報告以中央研究院的資格代表了「國家級敘事」。〔註13〕同時，也使得中國早期民族誌表現出狹隘的特點。按照徐新建的分析，中國人類學難以擺脫救亡圖存的「嚴復模式」，而只能稱之爲「狹隘民族誌」。在敘事模式上處於懸浮的「中間狀態」：往上走，沒世界；往下走，沒個人。〔註14〕中國早期民族誌正體現了這一特點。俄國人類學家史祿國所希望的中

〔註12〕林耀華編：《林耀華學述》，杭州：浙江人民出版社，1999 年。第 93 頁。
〔註13〕徐新建：《民歌與國學》，成都：巴蜀書社，2006 年。第 158 頁。
〔註14〕徐新建：《以開放的眼光看中國——人類學需要的大視野》，《思想戰線》，2011

國民族誌——對中國所有人群的整體文化適應的考察〔註 15〕在當時並沒有實現。人需要尋找自己在世界上的位置，中國人在內憂外患時期更需要尋找一種群體感、集體感，才談得上與世界的關係，這使得他們所考察的人群，也成為實現這一目標的最佳對象。但是，「人類學家自己是人類的一分子，可是他想從一個非常高遠的觀點去研究和評斷人類，那個觀點必須高遠到使他可以忽視一個個別社會、個別文明的特殊情境的程度。」〔註 16〕顯然，中國知識分子要做到這一點太難，即使列維－斯特勞斯（Claude Levi-Strauss）也「憂鬱」這一點。因為如果這樣，人類學家將變成「無根」或「心理上的殘廢」。〔註 17〕列維曾這樣引用夏多布里昂的話，將它放入自己的經典民族誌《憂鬱的熱帶》中：

> 每一個人，身上都拖著一個世界，由他所見過、愛過的一切所
> 組成的世界，即使他看起來是在另外一個不同的世界裡旅行、生活，
> 他仍然不停地回到他身上所拖帶著的那個世界去。〔註18〕

從馬林諾夫斯基的日記出版以來，我們看到了兩個馬林諾夫斯基，自從他成為人類學家，他就生活在兩個世界裡。處於新舊之交的中國民族學者，也很難擺脫雙重身份的困擾，他們從未脫離過自己所置身的悠久歷史傳統世界。但關鍵的問題是，「從此以後，可能把兩個不同的世界之間溝通起來」，〔註 19〕對於中國學者來說，這個目的更重要，他們甚至認為，中心與邊緣，中原與邊疆的人本是同一世界（中國）的不同人群，自己更有責任與合法的理由將其融合為統一的整體。

民族誌要反映文化的整體樣貌並非只是表現在記錄內容上的全面完整。本來，民族誌作為一種「群體敘事」，可使人類學的研究對象更加具體化。它的出現是填補整體的人和有邊界的人之間的斷裂，它可以通過對特定人群的描寫，從而呈現出具有普遍性意義的人或人類特徵。顯然，中國早期民族誌離這一真正意義上的人類學民族誌相差甚遠，因為他們的下限邊界是國民，

年第 2 期。
〔註15〕史祿國、於洋：《關於中國的民族誌調查》，《北方民族大學學報》，2012 年第 5 期。
〔註16〕〔法〕列維～斯特勞斯著，王志明譯：《憂鬱的熱帶》，北京：中國人民大學出版社，2011 年。第 55 頁。
〔註17〕同上。
〔註18〕同上。第 39 頁。
〔註19〕同上。

上限的邊界是中國。比如，秉持西方科學標準的民族誌，一般會遮蔽、隱藏表述者（民族誌調查者）的自我意識，目的是使自己的文本獲得權威性。功能主義民族誌沒有給予作者一定的角色，如果有的話也只是在注腳和前言中提到作者，給他一點無足輕重的發言機會。〔註 20〕但在中國產生的各種類民族誌文本中，特別是帶有官方性質的調查報告中，卻在文前增添了爲「國家」而「學術」的撰寫說明，或曰「自序」，或曰「他序」；在文後增加了「建言獻策」類的治邊要點分析，或曰治邊芻議，或曰策略之檢討等。〔註 21〕這樣的撰寫方式將表述目的展露無遺。如果表述對象按個體、群體、人類三級進行劃分，體現在表述話語上便形成了不同的敘事類型，即「自我敘事」、「人類敘事」和夾在二者間的「族群敘事」（國家敘事、黨派敘事）。〔註 22〕而當時的中國民族誌正是夾在「自我」與「人類」之間的「國家敘事」。民族誌，在這個意義上來說，實可稱之爲「國族誌」。〔註 23〕

　　這是中國早期民族誌的典型特點；典型，是因爲各種力量與因素使然。有時，典型之外又顯示了另一種可能。李霖燦，民國時期隨西湖藝專到昆明，被麗江玉龍雪山風光所吸引，冒險去寫生，後被李濟看中，遂接觸人類學，替中央博物院籌備處搜集民族學標本。作爲藝術家進入納西學術研究，可用「純粹」二字形容其學術旨歸，更可從他引用沈從文先生對邊疆民族的話可以看出其學術體驗：「我們只知他們缺少什麼，卻不知道他們豐富的是什麼。」沈將李的雪山之行寫進小說《虹橋》中，表示對其行爲的認同。李先生在民國時期所看到的邊疆民族，正是「豐富」多於「缺少」。此種觀念，不正是筆者所分析的大多數文本中所缺少的，或者說是相反的觀念麼？這，正是本書所構想的重要補充，它意味著民族誌在中國的多樣化面貌和多種可能，不過，學術追求是潛在的建構國族的焦慮，國族焦慮反過來又導致學術焦慮，這使得中國早期民族誌難以擺脫特定轉型時期對時代話語的依附。

　　如今，當中國學界再次討論或者質疑「民族誌」這一譯法的有效性後，

〔註 20〕〔美〕威廉·亞當斯著，黃劍波李文建譯：《人類學的哲學之根》，桂林：廣西師範大學出版社，2006 年。第 68 頁。

〔註 21〕典型的文本如任映滄的《大小涼山倮族通考》（第十三章　策略之檢討，第十四章　近百年解放涼山奴隸之呼吷），西康：西南夷務叢書社，1947 年。

〔註 22〕徐新建：《表述問題：文學人類學的起點和核心——爲中國文學人類學研究會第五屆年會而作》，《西南民族大學學報》，2011 年 01 期。

〔註 23〕「國族誌」概念，來自於徐新建教授對中國早期民族誌的總結。在聆聽他的講座和在訪談他時，他曾多次提到此說法。

緊接著西方人文學科的表述範式轉向（從「科學」到「文學」）帶來了中國學者對「民族誌」問題更深層次的審思。回望民國，本書將「誌」從「記錄」、「敘述」、「闡釋」，延伸到「表述」進行分析，是想嘗試找到中國早期民族誌的「完整面貌」，然而，作爲研究者，這樣的嘗試，再遭遇「寫文化」之後的學術語境，本書的回望與還原，也只是一個「關於眞實的譯本」〔註 24〕。不過這依然有意義。因爲，重要的永遠是世界本身，以及表述世界的方式。

〔註 24〕〔英〕安・格雷（Gray.A）著，許夢雲譯，高丙中校：《文化研究：民族誌方
　　　　法與生活文化》，重慶：重慶大學出版社，2009 年。第 27 頁。

參考文獻

一、古文獻目錄

1. 漢・司馬遷《史記》卷一百三十，清乾隆武英殿刻本。

2. 晉・常璩撰，任乃強校注《華陽國志校補圖注》，上海：上海古籍出版社，1987年。

3. 晉・常璩《華陽國志》華陽國志卷第二，四部叢刊景明鈔本。

4. 晉・常璩《華陽國志》華陽國志卷第五，四部叢刊景明鈔本。九年刻本。

5. 明・沈庠、趙瓚纂《（弘治）貴州圖經新志》，貴州圖經新志卷之五，明弘治間刻本。

6. 明・宋濂《元史》卷六十五志第十七上，清乾隆武英殿刻本。

7. 明・李培《（萬曆）秀水縣志》秀水縣志後序，明萬曆二十四年修民國十四年鉛字重刊本。

8. 清・賀長齡《清經世文編》卷八十六兵政十七，清光緒十二年思補樓重校本。

9. 清・葛士濬：《清經世文續編》卷八十兵政十九，清光緒石印本。

10. 清・張廷玉《明史》卷三百十二列傳第二百，清乾隆武英殿刻本。

11. 清・舒位《瓶水齋詩集》別集卷二疆圉大荒落，清光緒十二年邊保樞刻十七年增修本。

12. 清・沈秉成《（光緒）廣西通志輯要》廣西通志輯要卷三，清光緒十七年刊本。

13. 清・張毓碧《（康熙）雲南府志》云南府志卷之二十，清康熙刊本。

14. 清・允禮《（乾隆）西藏志》西藏志，清乾隆刻本。

15. 清・金鉷《（雍正）廣西通志》廣西通志卷一百十九，清文淵閣四庫全書

本。

16. 傅嵩炑《請分設西康行省折（宣統三年閏六月十一日）》，傅嵩炑《西康建省記》。

17. 民國・張自明《（民國）馬關縣志》風俗志，民國二十一年石印本。

18. 民國・饒燮乾《（民國）鎮寧縣志》鎮寧縣志卷之三，民國三十六石印本。

19. 民國・鄭裕孚《（民國）歸綏縣志》歸綏縣志目錄民國二十三年鉛印本。

20. 《平南縣鑒二編》卷 4《特種民族習尚》，民國二十九年鉛印本。

21. 《陽朔縣志》卷 2《社會・民族》，民國三十二年石印本。

22. 趙爾巽《清史稿》列傳七十七，民國十七年清史館本。

二、中文著作書目

1. 艾蕪：《南行記》，昆明：雲南人民出版社，2008 年。

2. 白興發：《二十世紀前半期的雲南民族學》，北京：民族出版社，2011 年。

3. 蔡元培、錢玄同：《劉申叔遺書》（上），南京：江蘇古籍出版社，1936 年。

4. 岑家梧：《岑家梧民族學論文集》，北京：民族出版社，1992 年。

5. 岑家梧：《岑家梧民族學論文集》，北京：民族出版社，1992 年。

6. 曾昭掄：《滇邊日記》，瀋陽：遼寧教育出版社，1998 年。

7. 常隆慶等：《雷馬峨屏調查記》，中國西部科學院，1935 年。

8. 陳大齊：《迷信與心理》，北京：新潮出版社，1920 年。

9. 陳東原：《中國婦女生活史》，臺北：商務印書館，1937 年。

10. 陳桐生：《中國史官文化與史記》，汕頭：汕頭大學出版社，1993 年。

11. 陳星燦：《中國史前考古學史研究（1895～1949）》，北京：三聯書店，1997 年。

12. 鄧啟耀：《視覺表達：2002》，昆明：雲南人民出版社，2003 年。

13. 高嵐：《從民族記憶到國家敘事》，成都：四川文藝出版社，2010 年。

14. 葛兆光：《宅茲中國——重建有關「中國」的歷史論述》，北京：中華書局，2011 年。

15. 葛兆光：《中國思想史》（第二卷），上海：復旦大學出版社，2010 年。

16. 顧頡剛：《論巴蜀與中原的關係》，成都：四川人民出版社，1981 年。

17. 貴州省民族研究所編：《民國年間苗族論文集》，貴陽：貴州民族出版社，1983 年。

18. 韓錦春、李毅夫：《漢文「民族」一詞考源資料》，中國社會科學院民族

研究所民族理論研究室印，1985 年。

19. 和龔、張山主編：《中國民族歷史與文化》，北京：中央民族學院出版社，1988 年。

20. 胡鴻保：《中國人類學史》，北京：中國人民大學出版社，2006 年。

21. 費正清：《劍橋中華民國史（1912～1949）》，北京：中國社會科學出版社，1985 年。

22. 胡適：《丁文江的傳記》，合肥：安徽教育出版社，1999 年。

23. 胡適：《丁文江這個人》，臺北：傳記文學出版社，1979 年。

24. 胡適：《清代學者的治學方法》，《胡適文存》（第 2 卷），上海亞東圖書館，1926 年。

25. 黃河清編著姚德懷審定：《近現代辭源》，上海：辭書出版社，2010 年。

26. 黃金麟：《歷史、身體、國家——近代中國的身體形成 1895～1937》，臺北：聯經，2000 年。

27. 黃平等主編：《當代西方社會學‧人類學新詞典》，長春：吉林人民出版社，2003 年。

28. 黃淑娉、龔佩華：《文化人類學理論方法研究》，廣州：廣東高等教育出版社，1996 年。

29. 黃應貴：《人類學的評論》，臺北：允晨文化，2002 年。

30. 紀昀：《四庫全書總目》，北京：中華書局，1983 年。

31. 江紹原編譯：《現代英吉利謠俗及謠俗學》，上海：中華書局，1932 年。

32. 江應樑：《江應樑民族研究文集》，北京：民族出版社，1992 年。

33. 黎光明、王元輝著，王明珂編校：《川西民俗調查記錄 1929》，臺北：中央研究院歷史語言研究所，2004 年。

34. 李國棟：《民國時期的民族問題與民國政府的民族政策研究》，北京：民族出版社，2009 年。

35. 李列：《民族想像與學術選擇：彝族研究現代學術的建立》，北京：人民出版社，2006 年。

36. 李霖燦：《西湖雪山故人情：藝壇師友錄》，江蘇：浙江大學出版社，2010 年。

37. 李妙根選編：《國粹與西化——劉師培文選》，上海：遠東出版社，1996 年。

38. 李紹明、周蜀蓉選編：《葛維漢民族學考古論著》，成都：巴蜀書社，2004 年。

39. 李泰棻：《方志學》，北京：商務印書館，1935 年。

40. 李亦園：《中國的民族、社會與文化——芮逸夫教授的學術成就與貢獻》，

臺北：食貨出版社，1981 年。

41. 梁聚五：《苗族發展史》（1950），貴陽：貴州大學出版社，2009 年。

42. 梁啓超：《飲冰室合集·文集》（13），北京：中華書局，1989 年。

43. 梁啓超：《中國歷史研究法》，上海：古籍出版社，1998 年。

44. 梁啓超：《清代學術概論》，《飲冰室合集》專集之三十四，北京：中華書局，1989 年。

45. 梁啓超撰，湯志鈞導讀：《中國歷史研究法》，上海：古籍出版社，1998 年。

46. 林惠祥：《神話論》，上海：商務印書館，1933 年。

47. 林惠祥：《文化人類學》（1934 年），上海：商務印書館，2007 年。

48. 林惠祥：《中國民族史》（1939），北京：商務印書館，1993 年。

49. 林耀華：《涼山夷家》（1947），昆明：雲南人民出版社，2003 年。

50. 林耀華編：《林耀華學述》，杭州：浙江人民出版社，1999 年。

51. 凌純聲、林耀華：《20 世紀中國人類學民族學研究方法與方法論》，北京：民族出版社，2004 年。

52. 凌純聲、芮逸夫：《湘西苗族調查報告》，中央研究院歷史語言研究所單刊甲種之十八（上），1947 年。。

53. 凌純聲：《松花江下游的赫哲族》，國立中央研究院歷史語言研究所單刊甲種之十四，1934 年。

54. 凌純聲：《中國邊疆民族與環太平洋文化》，臺北：聯經，1979 年。

55. 劉禾：《跨語際實踐》，北京：三聯書店，2008 年。

56. 劉錫蕃：《紀表嶺蠻》（1934），臺北：南天書局，1987 年。

57. 劉重來、徐適端主編：《〈華陽國志〉研究》，成都：巴蜀書社，2008 年。

58. 陸韌主編：《現代西方學術視野中的中國西南邊疆史》，昆明：雲南大學出版社，2007 年。

59. 駱小所主編：《中國西南民俗文獻》，蘭州：蘭州大學出版社，2003 年。

60. 呂思勉：《中國民族史兩種》，上海：古籍出版社，2008 年。

61. 馬玉華：《國民政府對西南少數民族調查之研究（1929～1948）》，昆明：雲南人民出版社，2006 年。

62. 馬長壽遺著李紹明周偉洲等整理：《涼山羅彝考察報告》，成都：巴蜀書社，2006 年。

63. 毛筠如：《大小涼山之夷族》，四川省政府建設廳，1947 年。

64. 摩羅、楊帆：《人性的復蘇——國民性批判的起源與反思》，上海：復旦大學出版社，2011 年。

65. 歐陽哲生主編：《傅斯年全集》（第 3 卷），長沙：湖南教育出版社，2000 年。

66. 潘光旦：《潘光旦文集》（第 12 卷），北京：北京大學出版社，2000 年。

67. 潘乃穆、王慶恩選編：《潘光旦民族研究文集》（第 9 卷），北京：北京大學出版社，2000 年。

68. 彭文斌：《人類學的西南田野與文本實踐：海內外學者訪談錄》，北京：民族出版社，2009 年。

69. 曲木藏堯：《西南夷族考察記》，南京：拔提書店，1933 年。

70. 任國榮：《廣西猺山兩月觀察記》（1929），《亞洲民族考古叢刊（第二輯）》，臺北：南天書局，1999 年。

71. 任映滄：《大小涼山倮族通考》，西康：西南夷務叢書社，1947 年。

72. 孫中山：《孫中山全集》（第 5 卷），北京：中華書局，1985 年。

73. 芮逸夫：《中國民族及其文化論稿》，臺北：藝文印書館，1972 年。

74. 芮逸夫著，王明珂編校：《川南苗族：調查日誌 1942～43》，臺北：中研院史語所，2010 年。

75. 桑兵：《晚清民國的學人與學術》，北京：中華書局，2008 年。

76. 石啓貴：《湘西苗族實地調查報告》，長沙：湖南人民出版社，1986 年。

77. 譚旦同：《中央博物院二十五之經過》，臺北：中華書局，1960 年。

78. 唐曉峰：《從混沌到秩序——中國上古地理思想史述論》，北京：中華書局，2010 年。

79. 唐曉峰：《人文地理隨筆》，北京：三聯書店，2005 年。

80. 唐興璧、毛筠如編述：《雷馬屏峨夷務鳥瞰》，四川省政府，1941 年。

81. 陶緒編著：《晚清文化史稿》，長沙：湖南出版社，1996 年。

82. 汪民安編：《身體的文化政治學》，河南：河南大學出版社，2004 年。

83. 汪宇編：《劉師培學術文化散文》，北京：中國青年出版社，1999 年。

84. 王德威：《如何現代，怎樣文學？——十九、二十世紀中文小說新論》，臺北：麥田出版社，1998 年。

85. 王汎森、杜正勝：《新學術之路中央研究院歷史語言研究所七十週年紀念文集》，臺北：中央研究院歷史語言研究所，1998 年。

86. 王建民：《中國民族學史》，昆明：雲南教育出版社。1997 年。

87. 王娟：《民俗學概論》，北京：北京大學出版社，2011 年。

88. 王立新：《美國傳教士與晚清中國現代化——近代基督新教傳教士在華社會文化和教育活動研究》，天津：天津人民出版社，1997 年。

89. 王明珂：《父親那場永不止息的戰爭》，杭州：浙江人民出版社，2012 年。

90. 王明珂：《華夏邊緣：歷史記憶與族群認同》，北京：社會科學文獻出版社，2006 年。

91. 王明珂：《英雄祖先與弟兄民族——根基歷史的文本與情境》，北京：中華書局，2009 年。

92. 王銘銘：《「裂縫間的橋」：解讀摩爾根〈古代社會〉》，濟南：山東人民出版社，2004 年。

93. 王銘銘：《西方人類學思潮十講》，桂林：廣西師範大學出版社，2005 年。

94. 王銘銘編：《中國人類學評論》（第 11 輯），北京：世界圖書出版公司，2009 年。

95. 王桐齡：《中國民族史》（1934），長春：吉林出版集團有限責任公司，2010 年。

96. 王文江、江小蕙編：《江紹原民俗學論集》，上海：上海文藝出版社，1998 年。

97. 聞一多：《聞一多全集》（第 3 卷），武漢：湖北人民出版社，2004 年。

98. 吳霓：《中國人留學史話》，北京：商務印書館，2004 年。

99. 吳澤霖、陳國鈞等：《貴州苗夷社會研究》，北京：民族出版社，2004 年。

100. 謝世忠、孫寶鋼主編：《人類學研究：慶祝芮逸夫教授九秩華誕論文集》，臺北：南天書局，1990 年。

101. 謝中立主編：《從馬林諾斯基到費孝通：另類的功能主義》，北京：社會科學文獻出版社，2010 年。

102. 徐松石：《粤江流域人民史》，北京：中華書局，1939 年。

103. 徐新建：《民歌與國學》，成都：巴蜀書社，2006 年。

104. 徐新建：《西南研究論》，昆明：雲南教育出版社，1992 年。

105. 徐正光、黃應貴主編：《人類學在臺灣的發展：回顧與展望》，臺北：中央研究院民族學研究所，1999 年。

106. 楊成志：《楊成志人類學民族學文集》，北京：民族出版社，2003 年。

107. 楊庭碩、羅隆康：《西南與中原》，昆明：雲南教育出版社，1992 年。

108. 楊萬選等：《貴州苗族考》，貴陽：貴州大學出版社，2009 年。

109. 楊鍾健：《西北的剖面》，北平：地址圖書館，1932 年。

110. 楊清媚：《最後的紳士——以費孝通為個人案例的人類學史研究》，北京：世界圖書出版公司，2010 年。

111. 姚荷生：《水擺夷風土記》（1947），昆明：雲南人民出版社，2003 年。

112. 英國皇家人類學會編訂，周雲水、徐韶明、譚青松等譯：《人類學的詢問與記錄》（第六版），香港：國際炎黃文化出版社，2009 年。

113. 尤中：《雲南民族史》，昆明：雲南大學出版社，1994 年。

114. 郁道緘：《裸體運動論》，上海：良友圖書印刷公司，1933 年。

115. 苑利主編：《二十世紀中國民俗學經典》（學術史卷）北京：社會科學文獻出版社，2002 年。

116. 岳南：《從蔡元培到胡適——中研院那些人和事》，北京：中華書局，2011 年。

117. 張海林編著：《近代中外文化交流史》，南京：南京大學出版社，2003 年。

118. 張君勱、丁文江著：《科學與人生觀》，濟南：山東人民出版社，1997 年。

119. 張培忠編，張競生著：《浮生漫談：民國性學博士張競生隨筆選》，北京：三聯書店，2008 年。

120. 張其昀：《中國民族誌》，上海：商務印書館，1928 年。

121. 張兆和、李廷貴主編：《梁聚五文集——民族、民主、政治》，香港：華南研究中心，2010 年 5 月。

122. 章學誠著葉瑛校注：《文史通義校注》，北京：中華書局，1985 年。

123. 章炳麟：《訄書》，瀋陽：遼寧人民出版社，1994 年。

124. 趙純孝：《擺夷邊民研究（中緬之交）》，《亞洲民族考古叢刊（第二輯）》，臺北：南天書局，1999 年。

125. 趙世瑜：《眼光向下的革命——中國現代民俗學思想史論（1918～1937)》，北京師範大學出版社，1999 年。

126. 趙毅衡：《符號學》，臺北：新銳文創，2012 年。

127. 鄭振鐸：《鄭振鐸全集》（第 3 卷），石家莊：花山文藝出版社，1998 年。

128. 中國第二歷史檔案館編：《中華民國史檔案資料彙編》（第五輯），第一編文化（一），杭州：江蘇古籍出版社，1994 年。

129. 中國社會科學院考古研究所編：《小屯南地甲骨》，北京：中華書局，1983 年。

130. 中央研究院八十年院史編纂委員會：《追求卓越——中央研究院八十年》（卷一：任重道遠），臺北：中央研究院，2008 年。

131. 駱小所主編：《西南民俗文獻》（第 12 卷），蘭州：蘭州大學出版社，2003 年。

132. 莊孔韶：《行旅悟道——人類學的思路與表現實踐》，北京：北京大學出版社，2009 年。

三、外文文獻目錄

1. 〔丹麥〕克斯汀・海斯翠普（Kirsten Hastrup）編，賈士蘅譯：《他者的歷

史：社會人類學與歷史製作》，北京：中國人民大學出版社，2010年。

2. 〔德〕顧彼得（pote Gullart）著，和鏹宇譯：《彝人首領》，成都：四川文藝出版社，2004年。

3. 〔法〕愛彌爾‧涂爾幹、馬塞爾‧莫斯著，汲喆譯：《原始分類》，上海：上海人民出版社，2000年。

4. 〔法〕弗朗茲‧法農（Frantz Fanon）著，萬冰譯：《黑皮膚，白面具》（Black Skin White Masks），江蘇：譯林出版社，2005年。

5. 〔法〕薩維納著，立人等譯：《苗族史》，貴陽：貴州大學出版社，2009年。

6. 〔美〕埃里克‧沃爾夫著，趙丙祥、劉傳珠、楊玉靜譯：《歐洲與沒有歷史的人民》，導論。上海：上海人民出版社，2006年。

7. 〔美〕愛德華‧W 薩義德著，王宇根譯：《東方學》，北京：三聯書店，2007年。

8. 〔美〕本尼迪克特‧安德森著，吳叡人譯：《想像的共同體——民族主義的起源與散佈》，上海：上海人民出版社，2005年。

9. 〔美〕大衛‧費特曼著，龔建華譯：《民族誌：步步深入》，重慶：重慶出版社，2007年。

10. 〔美〕費正清、費維愷編：《劍橋中華晚清史》（下卷），北京：中國社會科學出版社，1994年。

11. 〔美〕顧定國著，胡鴻保周燕譯：《中國人類學逸史——從馬林諾斯基到莫斯科到毛澤東》，北京：社會科學文獻出版社，2000年。

12. 〔美〕洪長泰著，董曉萍譯：《到民間去：1918～1937年的中國知識分子與民間文學運動》，上海：上海文藝出版社，1993年。

13. 〔美〕列文森（Joseph R. Levenson）著，鄭大華任菁譯：《儒教中國及其現代命運》，北京：中國社會科學出版社，2000年。

14. 〔美〕摩爾根（Thomas Hunt Morgan）著，楊東蓴等譯：《古代社會》，北京：商務印書館，1971年。

15. 〔美〕喬治‧E‧馬爾庫斯、米開爾‧M‧J‧費徹爾著，王銘銘、藍達居譯：《作爲文化批評的人類學——一個人文學科的實驗時代》，北京：三聯書店，1998年。

16. 〔美〕斯蒂文‧郝瑞（Stevan Harrel）著，巴莫阿依、曲木鐵西譯：《田野中的族群關係與民族認同》，廣西：廣西民族出版社，2000年。

17. 〔美〕威廉‧亞當斯著，黃劍波、李文建譯：《人類學的哲學之根》，桂林：廣西師範大學出版社，2006年。

18. 〔美〕沃勒斯坦（Immanuel Wallerstein）：《開放社會科學》，北京：三聯書店，1997年。

19. 〔美〕詹姆斯・克利福德（James Clifford）喬治・E.馬庫斯（George E. Marcus）編，高丙中等譯：《寫文化——人類學的詩學與政治學》，北京：商務印書館，2008 年版。

20. 〔挪威〕弗雷德里克・巴特等著，高丙中等譯：《人類學的四大傳統》，北京：商務印書館，2008 年。

21. 〔日〕鳥居龍藏著，國立編譯館譯：《苗族調查報告》（1903），貴陽：貴州大學出版社，2009 年。

22. 〔英〕A・C哈登（Alfred C. Haddon）著，廖泗友譯：《人類學史》，濟南：山東人民出版社，1988 年。

23. 〔英〕Kathryn Woodward 著，林文琪譯：《認同與差異》，臺北：韋伯文化國際，2006 年。

24. 〔英〕愛德華・泰勒著，連樹聲譯：《原始文化》，上海：上海文藝出版社，1992 年。

25. 〔英〕安・格雷（Gray.A）著，許夢雲譯：《文化研究：民族誌方法與生活文化》，重慶：重慶大學出版社，2009 年。

26. 〔英〕柏格里（Samuel Pollard），甘鐸理（R.Elliott Kendall）著，東人達、東旻譯：《在未知的中國》，雲南：雲南民族出版社，2002 年。

27. 〔英〕布羅尼斯拉夫・馬林諾夫斯基著，張雲江譯：《西太平洋上的航海者》，北京：中國社會科學出版社，2009 年。

28. 〔英〕道格拉斯著，黃劍波、柳博贇、盧忱譯：《潔淨與危險》，北京：民族出版社，2008 年。

29. 〔英〕羅伯特・萊頓（ROBERT LAYTON）著，羅攀、蘇敏譯：《他者的眼光——人類學理論導讀》，北京：華夏出版社，2008 年。

30. 〔英〕布羅尼斯拉夫・馬林諾夫斯基著，高鵬、金爽譯：《野蠻人的性生活》，北京：團結出版社，2004 年。

31. 〔英〕馬林諾夫斯基著，李安宅譯：《巫术、科学、宗教与神话》，北京：中國民間文藝出版社，1986 年。

32. 〔英〕邁克・克朗（Mike Crang）著，楊淑華、宋慧敏譯：《文化地理學》，南京：南京大學出版社，2003 年。

33. 〔美〕邁克・愛德華茲著，王澤譯：《我們的洛克在中國》，《美國國家地理》，1997 年第 1 期。

34. Anna M. Pikelis （D）. *Cultural position of the independent Lolo of the Liang Shan area, southwest China*. Chicago: University of Chicago, 1956.

35 David Michael Deal. *National minority policy in Southwest China （1911~1965）*. Seattle: University of Washington, 1971.

36. Douglas. *Purity and Danger: an analysis of pollution and taboo*. London:

Routledge, 1966.

37. Dru C. Gladney. *Dislocating China: Muslims, Minorities and Other Subaltern Objects*, Chicago: University Of Chicago Press, 2004.

38. Edward Burnett Tylor. *Primitive Culture* （1871）, Cambridge: Cambridge University Press, 2010.

39. Fabian, Johannes. *Time and the Other: How Anthropology Makes its Object*.New York: Columbia University Press, 1983.

40. Inez de Beauclair. *Tribal cultures of southwest China*.Taipei: Orient Cultural Service, 1970.

41. James, Hockey and A. Dawson （eds）. *After Writing Culture: Epistemology and Praxis in Contemporary Anthropology*. London and NewYork: Routledge, 1997.

42. Ou Chaoquan. *Life in a Kam village in southwest China 1930~1949*. Boston: Brill, 2007.

43. Prasenjit Duara. *The Nation and Its Fragments: Colonial and Postcolonial Histories*. Princeton, NJ: Princeton University Press, 1993.

44. Stuart Hall（eds）. *Representation: cultural representations and signifying Practices*.London: Sage in association with the Open University, 1997.

45. Thomas S. Mullaney. *Coming to Terms with the Nation: Ethnic Classification in Modern China*.Berkeley: University of California Press, 2011.

46. Stanley, Liz. *Doing Ethnography Writing Ethnography: A Comment on Hammersley*.in *Sociology*, 1990. Vol.（4）: 617~627.

四、論文目錄

1. 比阿特麗斯・魯伊斯著，姚介厚譯：《人類學科學與哲學》，第歐根尼，2001 年第 2 期。

2. 蔡元培：《說民族學》，《一般》，1926 年第 1 卷第 1~4 期。

3. 陳亦文：《中國地學會與〈地學雜誌〉》，天津網——數字報刊，2009 年 3 月 29 日。

4. 戴季陶：《科學與迷信》，《湖州月刊》，1925 年第 2 卷第 1 期。

5. 丁文江：《科學化的建設》，《獨立評論》第 105 號，1935 年 5 月 19 日。

6. 丁文江：《中央研究院的使命》，《東方雜誌》，第 32 卷第 2 號，1935 年 1 月 16 日。

7. 董彥堂：《爨夷曆法考源》，《西南邊疆》，1938 年第 3 期。

8. 娥滿：《人類學民族誌的方志淵源》，《昆明理工大學學報》，2011 年第 6 期。

9. 方國瑜：《麽些民族考》，《民族學研究集刊》，1944 年第 4 期。

10. 房建昌:《簡述民國年間有關中國邊疆的機構與刊物》,《中國邊疆史地研究》,1997 年第 2 期。

11. 費孝通:《論梁漱溟先生的文化觀》,《群言》,1988 年第 9 期。

12. 葛劍雄《編纂地方志應當重視地理》,《中國地方史志通訊》,1983 年第 5 期。

13. 葛兆光:《重建關於「中國」的歷史論述——從民族國家中拯救歷史,還是在歷史中理解民族國家?》,《二十一世紀》,2005 年 8 月號。

14. 顧頡剛:《中華民族是一個》,《益世報》,1939 年 2 月 13 日。

15. 顧良:《劉錫蕃「嶺表紀蠻」評》,《宇宙風》,1938 年第 65 期。

16. 何小平:《沈從文本土文化闡釋視域的人類學分析》,《吉首大學學報》,2006 年第 6 期。

17. 胡煥庸:《文通革命中之雲南》,《西南邊疆》,1938 年第 3 期。

18. 黃才貴:《關於鳥居龍藏貴州學問的研究》,《貴州民族研究》,1996 年第 4 期。

19. 黃劍波:《寫文化之爭——人類學中的後現代話語及研究轉向》,《思想戰線》,2004 年第 4 期。

20. 黃文山:《民族學與中國民族研究》,《民族學研究集刊》,1936 年第 1 期。

21. 黃興濤:《民族自覺與符號認同:「中華民族」觀念萌生與確立的歷史考察》,《中國社會科學評論》(香港),2002 年 2 月創刊號。

22. 賈鴻雁:《民國時期遊記圖書的出版》,《廣西社會科學》,2006 年第 1 期。

23. 江應梁:《僰夷民族之家庭組織與婚姻制度》,《西南邊疆》,1938 年第 1 期。

24. 江應樑:《評鳥居龍藏之苗族調查報告》,《現代史學》,1937 年第 3 卷第 2 期。

25. 克凡:《書評轉載:嶺表紀蠻》,《同行月刊》,1934 年第 2 卷第 7 期。

26. 李帆:《西方近代民族觀念和「華夷之辨」的交匯——再論劉師培對拉克伯里「中國人種、文明西來說」的接受與闡發》,《北京師範大學學報》,2008 年第 2 期。

27. 李紹明:《從中國彝族的認同談族體理論——與郝瑞(StevanHarrell)教授商榷》,《民族研究》,2002 年第 2 期。

28. 李長傳:《科學的地理學之新轉向》,《地學季刊》(上海中華地學會),第 3 卷第 3 期,1935 年 2 月 1 日。

29. 立民:《小評論——婦女服飾的探討》,《婦女生活》,1933 年第 2 卷第 4 期。

30. 林名均:《川苗概況:四川苗的服飾》,《新亞細亞》,1936 年第 12 卷第 4

期。

31. 林耀華：《邊疆研究的途徑》，《邊政公論》，1943 年第 2 卷第 1～2 期。

32. 淩純聲：《民族學實地調查方法》，《民族學研究集刊》，1936 年第 1 期。

33. 淩純聲：《中國邊疆文化》，《邊政公論》，1942 年第 5 卷第 7 期。

34. 淩鴻勳：《述交通救國》，《國聞周報》，1925 年第 2 卷第 35 期。

35. 淩民復：《建設西南邊疆的重要》，《西南邊疆》，1938 年第 1 期。

36. 嶺光電：《邊疆問題：如何接近夷人？》，《邊疆服務》，1946 年第 11 期。

37. 嶺光電：《倮蘇概述》，《康藏研究月刊》，1947 年第 7 期。

38. 嶺光電：《我在夷區實施建設的經驗》，《邊疆通訊》，1947 年第 4 卷第 8～9 期。

39. 劉琳：《〈華陽國志〉簡論》，《四川大學學報》，1979 年第 2 期。

40. 劉小云：《史祿國對中國早期人類學的影響》，《中南民族大學學報》，2007 年第 3 期。

41. 龍曉燕：《中國西南傣族民族誌：歷程與反思》，《雲南民族大學學報》，2010 年第 3 期。

42. 羅家倫：《民族與地理環境》，《新民族》，1938 年第 1 卷第 15 期。

43. 馬毅：《苗夷教育之檢討與建議》，《西南邊疆》，第 7 期。

44. 馬玉華：《20 世紀中國人類學研究述評》，《江蘇大學學報》，2007 年。

45. 馬長壽：《人類學在邊政上的應用》，《邊政公論》，第 6 卷第 3 期，1947 年 9 月。

46. 馬長壽：《中國西南民族分類》，《民族學研究集刊》，1936 年第 1 期。

47. 毛起鵁：《地理環境與文化》，《社會科學雜誌》（上海），1928 年第 1 卷第 4 期。

48. 彭文斌：《中西之間的西南視野：西南民族誌分類圖示》，《西南民族大學學報》，2007 年第 10 期。

49. 祁慶富：《淩純聲和〈松花江下游的赫哲族〉》，《中南民族大學學報》，2004 年第 6 期。

50. 容業熊：《交通救國論》，《大中學生》，1935 年第 4 期。

51. 芮逸夫：《苗族的洪水故事與伏羲女媧的傳說》，《中央研究院歷史語言研究所人類學集刊》，1938 年第 1 卷第 1 期。

52. 沈松橋：《江山如此多嬌——30 年代的西北旅行書寫與國族想像》，《臺大歷史學報》，2006 年 6 月。

53. 盛敘功：《地理在人類歷史中的潛勢力》，《地學雜誌》，1923 年第 14 卷第 3～4 期。

54. 石奕龍：《試論西方人類學學科體系的形成》，《世界民族》，1998 年第 1 期。

55. 史祿國於洋：《關於中國的民族誌調查》，《北方民族大學學報》，2012 年第 5 期。

56. 陶英慧：《蔡元培與中央研究院》，《近代史研究所集刊》，第 7 期。

57. 王成、邵雍：《從〈申報〉看上海地方政府反迷信措施（1927～1937）》，《淮北煤炭師範學院學報》，2009 年 02 期。

58. 王傳：《中大語言歷史學研究所與現代中國西南民族研究》，《史學史研究》，2010 年第 2 期。

59. 王國祥：《姚荷生和〈水擺夷風土記〉——〈水擺夷風土記〉校注》（前言・版納），2005 年。

60. 王建民：《中國人類學西南田野工作與著述的早期實踐》，《西南民族大學學報》，2007 年第 12 期。

61. 王立新：《美國傳教士與鴉片戰爭後的「開眼看世界」思潮》，《美國研究》，1997 年第 2 期。

62. 王璐：《從「文本中心」到「本文」探求：文學人類學研究範式探討》，《西南民族大學學報》，2011 年第 1 期。

63. 王璐：《人類學的開放平臺——中國人類學高級論壇十年報告》，《廣西民族大學學報》，2011 年第 5 期。

64. 王明珂：《民族文物之反映與映照》，《歷史月刊》，2003 年 6 月。

65. 王明珂：《羌族婦女服飾：一個「民族化」過程的例子》，《中央研究院歷史語言研究所集刊》，第六十九本，第四分。民國八十七年十二月。

66. 王明珂：《由族群到民族：中國西南歷史經驗》，《西南民族大學學報》，2007 年第 11 期。

67. 王明珂《後現代的民族文物展示，史語所文物陳列館西南少數民族文物展示說明》，《古今論衡》，1999 年第 3 期。

68. 王銘銘：《繼承與反思——記雲南三個人類學田野工作地點的「再研究」》，《社會學研究》，2005 年第 2 期。

69. 王鵬惠：《漢人的異己想像與再現：明清時期滇黔類民族誌書寫的分析》，《臺灣大學考古人類學刊》，2002 年 6 月第 58 期。

70. 王也揚：《論王韜的史觀與史學》，《史學理論研究》，1993 年第 4 期。

71. 吳定良：《丁在君先生對於人類學之貢獻》，《獨立評論》，1935 年第 188 期。

72. 吳文藻，〈邊政學發凡〉，《邊政公論》，1942 年第 1 卷第 5～6 期。

73. 吳宗濟：《拼音文字與西南邊民教育》，《西南邊疆》，1938 年第 1 期。

74. 徐漢夫：《交通救國論》，《商業雜誌》，1929 年第 4 卷第 11 期。

75. 徐利淼：《傳承與發展影印出版〈地學雜誌〉》，天津網－數字報刊，2010年 8 月 30 日。

76. 徐新建、唐啓翠：《「表述」問題：文學人類學的理論核心──文學人類學發展與展望訪談之三》，《社會科學家》，2012 年第 2 期。

77. 徐新建：《「蚩尤」和「皇帝」：族源故事再檢討》，《廣西民族大學學報》，2008 年第 5 期。

78. 徐新建：《表述問題：文學人類學的起點和核心──爲中國文學人類學研究會第五屆年會而作》，《西南民族大學學報》，2011 年第 1 期。

79. 徐新建：《從「普洱誓盟」看現代中國的「民族表述」》，《民族文學研究》，2012 年第 4 期。

80. 徐新建：《從邊疆到腹地：中國多元民族的不同類型──兼論「多元一體」格局》，《廣西民族學院學報》，2001 年第 6 期。

81. 徐新建：《從文學到人類學──關於民族誌和寫文化的答問》，《北方民族大學學報》，2009 年第 1 期。

82. 徐新建：《以開放的眼光看中國──人類學需要的大視野》，《思想戰線》，2011 年第 2 期。

83. 徐新建：《族群地理與生態史學：從「藏彝走廊」談起》，《二十一世紀》（香港），2005 年 8 月號。

84. 徐益棠：《西康行記》（下），《西南邊疆》，1940 年第 9 期。

85. 許晶：《從「Representation」看人類學「表述危機」》，《廣西民族研究》，2006 年第 3 期。

86. 薛明劍：《夷族「土司」代表高玉柱女士之演講》，《人報》，1937 年 2 月 7 日。

87. 楊成志：《從西南民族說到獨立羅羅》，《新亞細亞》，1932 年第 4 卷第 3 期。

88. 楊成志：《民族問題的透析》，《邊政公論》，第 6 卷第 1 期。

89. 楊成志：《民族學與中國西南民族》，《更生評論》，第 3 卷第 4 期。

90. 楊殿斛：《從方志到民族誌：中國民族音樂研究的現代進程》，《小說評論》，2008 年第 5 期。

91. 楊堃：《民族學與人類學》，《國立北平大學學報》，1935 年第 1 卷第 4 期。

92. 楊鍾健：《剖面的剖面》，《禹貢半月刊》，1937 年 7 卷第 1～3 合期。

93. 葉舒憲：《中國文化的大傳統與小傳統》，《黨建》，2010 年第 7 期。

94. 張其昀：《近年英國地理教育之趨勢》，《教育雜誌》（1909 年），1926 年第 18 卷第 4 期。

95. 張壽祺：《19 世紀末 20 世紀初「人類學」傳入中國考》，《社會科學戰線》，1992 年第 3 期。

96. 張天星：《試析 1890 年前後〈申報〉反迷信活動與中國傳統新聞觀念的近現代轉型》,《東南傳播》, 2010 年第 6 期。

97. 張廷休：《再論夷漢同源》,《西南邊疆》, 1938 年第 6 期。

98. 張學良：《民族復興與新生活運動》,《新生活周刊》, 1934 年第 1 卷第 26 期。

99. 張兆和：《從「他者描寫」到「自我表述」——民國時期石啓貴關於湘西苗族身份的探索與實踐》,《廣西民族大學學報》, 2008 年第 5 期。

100. 張兆和：《黔西苗族身份的漢文書寫與近代中國的族群認同——楊漢先的個案研究》,《西南民族大學學報》, 2010 年第 3 期。

101. 鄭光禹：《地理與文化之關係》,《地學雜誌》, 1922 年第 13 卷第 2 期。

102. 中國之新民（作者不詳）：《地理與文明之關係》,《新民叢報》, 第 1 號。

103. 周仁術：《地理環境與人生》,《新文化》, 1934 年第 2 期。

104. 朱炳祥：《反思與重構：論「主體民族誌」》,《民族研究》, 2011 年第 3 期。

105. 莊學本（攝）：《良友》, 1936 年第 120 期。

106. 作者不詳：《婚姻之迷信》《吉凶之迷信》,《小說月報》, 1911 年第 2 卷第 1 期。

107. 作者不詳：《良友》, 1934 年第 90 期。

108. 作者不詳：《擺夷風情：滇邊戰地逸話》,《讀者文摘》, 1946 年第 2 卷第 2 期。

109. 作者不詳：《打破迷信與革除自私自利》,《南京市政府公報》, 1932 年第 121 期。

110. 作者不詳：《康藏民眾代表慰問前線將士書》,《新華日報》, 1938 年 7 月 12 日。

111. 作者不詳：《裸體運動》,《每周評論》, 1934 年第 118 期。

112. 作者不詳：《裸體運動——從原人到文明人（附照片）》,《時代之美》, 1934 年第 1 期。

113. 作者不詳：《西南研究》創刊號, 國立中山大學西南研究會發行, 1992 年第 3 期。

五、碩博論文目錄

1. 陳昱成：《中國苗族文化的民族學研究》, 中央民族大學博士論文, 2007 年。

2. 褚建芳：《人神之間——雲南芒市一個傣族村寨的儀式生活與等級秩序》, 北京大學博士論文, 2003 年。

3. 梁永佳：《地域崇拜的等級結構——大理喜洲儀式與文化的田野考察》，北京大學博士論文，2003 年。

4. 羅安平：《異域之境：美國《國家地理》的中國西南表述研究》，四川大學博士學位論文，2014 年。

5. 石茂明：《跨國界苗族（Hmong 人）研究》，中央民族大學博士論文，2004年。

6. 索龍高娃：《文學人類學方法論辨析》，中央民族大學碩士論文，2005 年。

7. 王鵬惠：《失意的國族/詩意的民族/失憶的族/國：影顯民國時期的西南少數民族》，臺灣大學博士論文，2009 年。

8. 吳雯：《民族誌記錄和邊疆形象》，四川大學碩士論文，2006 年。

9. 謝幸芸：《近代中國苗族之國族化（1911～1949）》，臺灣師範大學博士論文，2011 年。

10. 徐魯亞：《神話與傳說——論人類學文化撰寫範式的演變》，中央民族大學博士論文，2003 年。

11. 楊驪：《多重證據法研究》，四川大學博士論文，2013 年。

12. 伊利貴：《民國時期西南「夷苗」的政治承認訴求》，中央民族大學博士論文，2011 年。

13. 張兆和（Cheung, Siu-woo）：《主體與表述：黔東南的身份政治》（*Subject and representation identity politics in Southeast Guizhou*），Thesis （Ph.D.）--University of Washington, 1996 年。

六、資料文獻及相關網站

1. 谷歌圖書：http://books.google.com.hk

2. 哈佛燕京學社網址：http://www.harvard-yenching.net/

3. （臺灣）中央研究院：http://www.sinica.edu.tw/

4. （臺灣）中研院網站・村寨網 http://ethno.ihp.sinica.edu.tw/frameB.htm

5. 中國漢學研究中心：http://hanxue.bfsu.edu.cn/

6. 中國國學網：http://www.confucianism.com.cn/

7. 見證・影像志《壁畫背後》，2009 年第 202 期：http://tansuo.cntv.cn/history/xianxiang/classpage/video/20091120/104357.shtml

附錄 1 民族調查部分文獻

西　南

張潛華：《西南民族問題》，重慶：青年書店，1941 年。

馬長壽：《中國西南民族分類》，《民族學研究集刊》，1936 年第 1 期。

劉兆吉：《西南采風錄》（1946 年）（收入《中國西南文獻叢書・西南民
俗文獻 14 卷》，中國西南文獻叢書編輯委員會編。蘭州：蘭州大學出版
社。2003 年。）

薛紹銘：《黔滇川旅行記》，中華書局，1937 年。

論文或專著（收入《中國西南文獻叢書・西南史地文獻 32 卷》，中國西南文
獻叢書編輯委員會編。蘭州：蘭州大學出版社。2003 年）

向尚、李濤、鍾天石等合撰：《西南旅行雜寫》

范長江：《中國西北角》，1936 年。

……

雲　南

專　著：

陳碧笙：《滇邊散憶》，商務印書館，1941 年。

方國瑜：《滇西邊區考察記》，雲南大學西南文化研究室印，1943 年。

田汝康：《芒市邊民的擺》，重慶：商務印書館，1946 年。

許烺光：*Under the Ancestors' Shadow: Kinship, Personality and Social Mobility in China*, Colnmbia University Press.1948.

中央大學地理調查團調查報告：《雲南邊地民族與民族性》，1935 年。

楊成志：《雲南民族調查報告》，廣州：國立中山大學語言歷史研究所，1930 年。

姚荷生：《水擺夷風土記》（1938），昆明：雲南人民出版社，2003 年。

由雲南人民出版社出版的一批民國知識分子遊記：

繆崇群：《石屏隨筆》，昆明，雲南人民出版社，2008 年。

艾　蕪：《南行記》，昆明，雲南人民出版社，2008 年。

丁文江：《漫遊散記》，昆明，雲南人民出版社，2008 年。

施蟄存：《路南遊蹤》，昆明，雲南人民出版社，2008 年。

楚圖南：《難忘三迤》，昆明，雲南人民出版社，2008 年。

馮　至：《昆明的雨》，昆明，雲南人民出版社，2011 年。

蕭　乾：《從滇緬路走向歐洲戰場》，昆明，雲南人民出版社，2011 年。

譚伯英等：《血路》，昆明，雲南人民出版社，2002 年。

李　納：《路南城　撒尼人》，昆明，雲南人民出版社，2011 年。

雷　加：《白馬雪山碧羅雪山四莽雪山》，昆明，雲南人民出版社，2011 年。

朱自清等著：《流亡三迤的背影》，昆明，雲南人民出版社，2011 年。

論文及文章類：

陳　才：《滇南擺夷》，《風土什誌》，第一卷第 2 期。

丁文江：《雲南的土著人種》（續），《獨立評論》，1933 年第 35 期。

方國瑜：《班洪風土記》，《西南邊疆》，1938 年第 1 期、第 2 期。

方國瑜：《卡瓦山聞見記》，《西南邊疆》，1944 年第 10 期。

江應樑：《雲南西部僰夷民族之經濟社會》，《西南邊疆》，1938 年第 1 期。

江應樑：《雲南西部之邊疆夷民教育》，《青年中國季刊》，1939 年第 1 期。

江應樑：《雲南土司制度之利弊與存廢》，《邊政公論》，1947 年第 6 卷第 1 期。

李拂一：《滇邊失地孟艮土司之考察》新亞細亞 1932 年第 3 卷第 5 期。

李拂一：《車裏命名來源考》，《邊疆通訊》，1945 年第 3 卷第 5 期。

潘景衍：《滇南邊區行紀》，邊疆研究通訊，第一卷第 2 期。

芮逸夫：《中國邊疆民族（一）雲南西北的山頭人》，《國際文化》，1948 年第 1 卷第 2 期。

芮逸夫：《中國邊疆民族（一）雲南西南邊境的倮黑人》，《國際文化》，1948 年第 1 卷第 3 期。

芮逸夫：《中國邊疆民族（一）雲南西南的擺夷人》，《國際文化》，1948 年第 1 卷第 4 期。

芮逸夫：《中國邊疆民族（一）顚緬邊境的佧伍人和佧喇人》，《國際文化》，1948 年第 1 卷第 5 期。

田汝康：《憶芒市——邊地文化的素描》，《旅行雜誌》，1943 年第 17 卷第 3 期。

田汝康：《大理風景論》，《旅行雜誌》，1945 年第 19 卷第 5 期。

陶雲逵：《俅江紀程》，《西南邊疆》，第 12 期。

陶雲逵：《雲南土著民族研究之回顧與前瞻》，《邊政公論》，第 1 卷第 5、6 期。

徐益棠：《雲南的秘密區——車里》，《新亞細亞》，1931 年第 2 卷第 4 期。

徐益棠：《雲南暹羅的文字》，《新亞細亞》，1931 年第 2 卷第 2 期。

徐益棠：《雲南昆明散民族竹枝詞》，《新亞細亞》，1932 年第 3 卷第 4 期。

專著或論文（收入中國西南文獻叢書編輯委員會編：《中國西南文獻叢書·西南民俗文獻》與《中國西南文獻叢書·西南史地文獻》，蘭州：蘭州大學出版社。2003 年）

童振藻：《片馬小志》

童振藻：《滇邊夷務紀實》

童振藻：《滇池紀遊》

雲南地方志編輯處編：《雲南產業志》

朱熙人、袁見齊、郭令智等撰《雲南礦產志略》

錢文選撰《遊滇紀事》

馬子華：《滇南散記》

李拂一：《泐史》

謝彬：《雲南遊記》

柯樹勳：《普思沿邊志略》

李文林：《到普思邊地去》

諸寶楚：《滇疆苗蠻紀略》

刀國棟刀永明：《召哈先猛巴臘納西國》

董貫之：《古滇土人圖志》

……

貴　州

專　著：

錢能欣：《西南三千五百里》，商務印書館，1939 年。

陳國鈞：《貴州苗夷歌謠》，貴陽：文通書局，1942 年。

楊　森：《貴州邊胞風習寫眞》，貴陽：貴州省政府邊胞文化研究會，1947
年。

論　文：

吳澤霖、陳國鈞等：《貴州苗夷社會研究》（論文集），貴陽：文通書局，
1942 年。

江應梁：《苗人來源及其遷徙區域（一）》，《邊政公論》，1944 年第 3 卷第
4 期。

江應梁：《苗人來源及其遷徙區域（下）》，《邊政公論》，1944 年第 3 卷第
5 期。

梁聚五：《黔南各民族生活剪影》、《緬甸征塵》、《貴州邊民的禮俗》、《西
南邊地概況》、《黔南各民族之分佈與生活》、《苗夷民族之由來》
等。〔註1〕

凌純聲：《苗族的地理分佈》，《民族學研究集刊》，1946 年第 5 期。

〔註1〕張兆和、李廷貴主編《梁聚五文集——民族、民主、政治》，香港：華南研究
中心，2010 年 5 月。

楊漢先：《大花苗婦女的經濟地位與婚姻》，《華文月刊》，1943 年第 2 卷
　　　　第 2～3 期。

楊漢先：《論解決苗夷問題》，《邊鐸月刊》，1946 年第 9 期。

張少微、吳澤霖、陳國鈞：《貴州惠水縣鄉土教材調查報告》，《歷史社會
　　　　季刊》，1947 年第 1 卷第 1～2 期。

馬長壽：《苗猺之起源神話》，《民族學研究集刊》，1940 年第 2 期。

……

四　川

專　著：

常隆慶、釋懷仁、俞德俊：《雷馬屏峨調查記》，中國西部科學院特刊，
　　　　1935 年。

陳永齡：《理縣嘉戎土司制度下的社會》，燕京大學碩士論文，1947 年。

江應樑：《涼山夷族的奴隸制度》，廣州：珠海大學出版社，1948 年。

梁甌第：《我怎樣通過大小涼山》，文通書局，1944 年。

林耀華：《涼山夷家》，上海：商務印書館，1947 年。

黎光明、王元輝著，王明珂編校：《川西民俗調查記錄 1929》，臺北：中
　　　　央研究院歷史語言研究所，2004 年。

嶺光電：《㑩情述論》，南京開明書店，1947 年。

盧作孚采集，林惠祥編述：《㑩㑩標本圖說》，國立中央研究院社會科學
　　　　研究所，1931 年。

馬長壽著，周偉洲編：《涼山羅彝考察報告》，成都：巴蜀書社，2006 年。
　　　　（根據馬長壽於 1936～1939 在四川等地所作調查之初稿整理而
　　　　成）

毛筠如：《大小涼山之夷務》，四川省政府建設廳印，1947 年。

曲木藏堯：《西南夷族考察記》，南京：拔提書店，1933 年。

任映滄：《大小涼山㑩族通考》，西康：西南夷務叢書社，1947 年。

唐興璧、毛筠如：《雷馬屏峨夷務鳥瞰》，四川省民政廳叢刊，1941 年。

徐益棠：《雷波小涼山之㑩民》，金陵大學中國文化研究所印行，1945 年。

曾昭掄：《大涼山夷區考察》，求真社，1947 年。

莊學本：《羌戎考察記》，上海：良友圖書印刷公司，1937 年。

四川省政府邊區施教團：《雷馬屏峨紀略》，1941 年。

論　文：

丁文江：《四川會理的土著人種》，《獨立評論》，1933 年第 36、46 期。

胡鑒民：《羌族之信仰與習為》，《邊疆研究論叢》，1941 年。

胡鑒民：《苗人的家族與婚姻習俗瑣記》，《邊疆研究論叢》，1945 年。

江應梁：《涼山一角》，《旅行雜誌》，1943 年第 17 卷第 6 期。

林耀華：《大涼山儸儸的階級制度》，《邊政公論》，1944 年第 3 卷第 9 期。

林耀華：《大小涼山考察記（一）》，《邊政公論》，1944 年第 3 卷第 5 期。

林耀華：《川康嘉戎的家族與婚姻》，《燕京社會科學》，1948 年第 1 卷。

嶺光電：《黑夷和白夷》，《邊政公論》，1948 年第 7 卷第 2 期。

馬長壽：《川康邊境之民族分佈及其文化特質》，《邊疆問題》，1939 年第 3 期。

馬長壽：《四川古代僚族問題》，《青年中國季刊》，1940 年第 2 卷第 1 期。

馬長壽：《涼山羅夷的族譜》，《邊疆研究論叢》，1945 年。

徐益棠：《到松潘去》，《青年中國季刊》，1940 年第 2 卷第 1 期。

徐益棠：《雷馬行紀》，《邊政公論》，第 1 卷第 11、12 期。

莊學本：《卓克基至阿壩》，《旅行雜誌》，1948 年第 22 卷第 5 號。

論文或專著：（文章收入中國西南文獻叢書編輯委員會編：《中國西南文獻叢書・西南民俗文獻》，蘭州：蘭州大學出版社。2003 年）

王文蒙、葛維漢、白雪嬌等《川西調查記》

胡慶鈞：《川南敘永苗民人口調查》

……

西　康

專　著：

柯象峯：《西康社會之鳥瞰》，正中書局印行，1940 年。

李亦人：《西康綜覽》，上海：正中書局。1941 年。

任乃強：《西康圖經》，新亞細亞學會，1934 年。

朱　楔：《康昌考察記》，大時代書局，1942 年。

莊學本：《西康夷族調查報告》，西康：西康省政府，1941 年。

論文、文章類：

黃和繩：《西康旅行記》，《眞善半月刊》第 1 卷第 21 期。

柯象峰：《西康紀行》，《邊政公論》，1941 年第 1 卷第 3～4 期。

柯象峰：《西康紀行（一續）》，《邊政公論》，1942 年第 1 卷第 7～8 期。

任乃強：《西康圖經境域篇》，《新亞細亞》，1933 年第 5 卷第 4 期。

任乃強：《西康圖經境域篇（續）》，《新亞細亞》，1933 年第 5 卷第 6 期。

任乃強：《西康圖經境域篇（續）》，《新亞細亞》，1933 年第 5 卷第 5 期。

任乃強：《西康圖經境域篇》，《新亞細亞》，1933 年第 5 卷第 3 期。

任乃強：《西康圖經民俗篇》，《新亞細亞》，1933 年第 6 卷第 1 期。

任乃強：《西康圖經（地文篇）》，《新亞細亞》，1934 年第 8 卷第 5 期。

任乃強：《西康圖經（民俗篇）》，《新亞細亞》，1934 年第 7 卷第 2、3、4 期。

任乃強：《西康圖經（地文篇）》，《新亞細亞》，1934 年第 8 卷第 6 期。

任乃強：《西康圖經（地文篇）（續）》，《新亞細亞》，1935 年第 9 卷第 1～4 期。

徐益棠：《西康行記》，《西南邊疆》，1940 年第 8 期。

張樸、樂亦琴：《西康視察記（十二）》，《大公報》，1933 年 8 月 18 日。

莊學本：《西康四季》，《康導月刊》，1943 年第 5 卷第 2～3 期。

莊學本：《丹巴調查報告》，《康導月刊》，1939 年第 1 卷第 7 期。

論文或專著（收入《中國西南文獻叢書・西南民俗文獻》，中國西南文獻叢書編輯委員會編。蘭州：蘭州大學出版社。2003 年）

楊仲華：《西康紀要》

任乃強：《西康札記》

……

兩廣及雲貴川康周邊地區

專　著：

任國榮：《廣西猺山兩月觀察記》，廣州：民鐸出版社，1929 年。

凌純聲、芮逸夫《湘西苗族調查報告》，商務印書館，1947 年。

劉錫蕃：《嶺表紀蠻》，上海：商務印書館，1934 年。

劉介（劉錫蕃）：《苗荒小紀》，上海：商務印書館，1928 年。

馬鶴天：《甘青藏邊區考察記》第一編，上海：商務印書館，1947 年。

馬無忌：《甘肅夏河藏民調查記》，貴陽：文通書局，1947 年。

石啓貴：《湘西苗族實地調查報告》，長沙：湖南人民出版社，1986 年。
　　　　（據 1940 年《湘西土著民族考察報告書》初稿而成）

王永澤：《川緬紀行》，獨立出版社，1942 年。

韋贊唐：《廣西猺山遊記》，《殖邊月刊》，第 2 卷第 5、6 期。

韋贊唐：《廣西猺山遊記》，《殖邊月刊》，第 2 卷第 8 期。

徐松石：《泰族僮族粵族考》，上海：中華書局，1946 年。

嚴復禮、商承祖編：《廣西淩雲猺人調查報告》，南京：國立中央研究院
　　　　社會科學研究所，1929 年。

朱　契：《康昌考察記》，1942 年。收入中國西南文獻叢書編輯委員會編：
　　　　《中國西南文獻叢書・西南民俗文獻第 12 卷》，蘭州：蘭州大
　　　　學出版社。2003 年。

曾昭掄：《緬邊日記》，上海：文藝生活出版社，1941 年。

論文、文章類：

陳立峰：《康青紀遊》，1945 年。收入季羨林名譽主編，徐麗華主編：《中
　　　　國少數民族古籍集成.94》，成都：四川民族出版社，2002 年。

江應梁：《廣東北江猺人的生活》，《東方雜誌》，1938 年第 35 卷第 11 期。

江應梁：《僰夷民族之家族組織及婚姻制度》，《西南邊疆》，1938 年第 2
　　　　期。

江應梁：《西南邊區的特種文字》，《邊政公論》，1945 年第 4 卷第 1 期。

凌純聲：《中國邊政之土司制度（上）》，《邊政公論》，1943 年第 2 卷第
　　　　11～12 期。

凌純聲：《中國邊政之盟旗制度》，《邊政公論》，1943 年第 2 卷第 9～10期。

凌純聲：《中國邊政之土司制度（中）》，《邊政公論》，1944 年第 3 卷第 1期。

凌純聲：《中國邊政之土司制度（下）》，《邊政公論》，1944 年第 3 卷第 2期。

凌純聲：《邊疆教育工作報告》，《邊鐸月刊》，1946 年第 9 期。

林耀華：《康北藏民的社會狀況（上）》，《流星》，1945 年第 1 卷第 1 期。

林耀華：《康北藏民之社會狀況（中）》，《流星》，1945 年第 1 卷第 2 期。

林耀華：《康北藏民的社會狀況（下）》，《流星》，1945 年第 1 卷第 5 期。

馬長壽：《中國古代花甲生藏之起源與再現》，《民族學研究集刊》，1936年第 1 期。

馬長壽：《缽教源流》，《民族學研究集刊》，1943 年第 3 期。

馬長壽：《中國古代傳疑中之女系氏族社會》，《文史雜誌》，1945 年第 5卷第 5～6 期。

馬長壽：《中國四裔的幼子承繼權》，《文史雜誌》，1945 年第 5 卷第 9～10 期。

馬長壽：《康藏民族之分類體質種屬及其社會組織》，《民族學研究集刊》，1946 年第 5 期。

曲木藏堯：《國難嚴重下之西南國防與夷族》，《新夷族》，1936 年第 1 卷第 1 期。

曲木藏堯：《石達開與寧屬》，《新寧遠》，1940 年第 1 卷第 1 期。

田汝康：《內地女工（研究資料）》，《中國勞動》，1942 年第 3 卷第 1～4期。

徐益棠：《非常時期之雲南邊疆》，《中國新論》，1936 年第 2 卷第 4 期。

徐益棠：《廣西象平間傜民之住屋（插圖）》，《金陵學報》，1940 年第 10卷第 1～2 期。

徐益棠：《廣西象平間傜民之法律》，《邊政公論》，1941 年第 1 卷第 1期。

徐益棠：《初入傜山記》，《學思》，1942 年第 2 卷第 11 期。

徐益棠：《三，傜山行紀》，《大學月刊》，1943 年第 2 卷第 8 期。

徐益棠：《二、廣西特種部族歌謠集》，《西南邊疆》，1943 年第 17 期。

徐益棠：《廣西象平間傜民之村落》，《邊政公論》，1944 年第 3 卷第 2 期。

徐益棠：《廣西象平間傜民之飲食》，《邊疆研究論叢》，1945 年。

徐益棠：《廣西象平間傜民之婚姻》，《邊疆研究論叢》，1945 年。

徐益棠：《邊官邊民與邊政》，《邊政公論》，1948 年第 7 卷第 1 期。

徐益棠：《民族調查冒險記》，《良友畫報影印本》，1929 年第 42 期。

徐益棠：《單騎調查西南民族述略》，《國立第一中山大學語言歷史學研究所周刊》，1930 年第 118 期。

徐益棠：《羅羅說略》，《嶺南學報》，1930 年第 1 卷第 3 期。

徐益棠：《羅羅文的起源及其內容一般》，《國立中山大學語言歷史學研究所周刊》，1930 年第 125～128 期。

徐益棠：《從西南民族說到獨立羅羅》，《新亞細亞》，1932 年第 4 卷第 3 期。

徐益棠：《從西南民族說到獨立羅羅》，《考古學雜誌》，1932 年第 1 期。

徐益棠：*Hypothèses sur les origines 抬 LoIos*，《史學專刊》，1936 年第 1 卷第 2 期。

徐益棠：《玀玀文法概要（法文）》，《語言文學專刊》。

聞宥、楊漢先：《烏蠻統治階級的內婚及其沒落》，《邊政公論》，1943 年第 2 卷第 11～12 期。

莊學本：《青海婦女及其頭飾》，《良友畫報影印本》，1936 年第 120 期。

莊學本：《羅羅文字的研究》，《說文月刊》，1941 年第 3 卷第 2～3 期。

莊學本：《青康邊地巡禮》，《旅行雜誌》，1944 年第 18 卷第 2 期。

論文或專著：（收入中國西南文獻叢書編輯委員會編：《中國西南文獻叢書‧西南民俗文獻》，蘭州：蘭州大學出版社。2003 年）

錢良駿：《雙江旅行記》

唐繼虞：《東南旅行記》

段克興：《西藏奇異志》

黃承恩：《使藏紀程》

吳忠信：《西藏紀要》

曹天章：《滇泰民族血統關係》（原版 1947）

吳忠信：《西藏紀遊》

楊鴻清、曹典培：《蘭坪寧蒗兩縣西番族情況調查》

……

附錄 2　民國期刊部分論文文獻

（按音序）

序號	題　名	作　者	刊　名	年卷期
	蔡元培			
1	《國立中央研究院之過去與將來》	蔡元培	中華教育界	1934 年第 21 卷第 7 期
2	《吾國文化運動的過去與將來》	蔡元培	中山文化教育館季刊	1934 年第 1 卷第 1 期
3	《論大學應設各科研究所之理由》	蔡元培	東方雜誌	1935 年第 32 卷第 1 號
4	《民族學的進化觀》	蔡元培	新社會科學	1935 年第 1 卷第 4 期
5	《說民族學》	蔡子民	一般（1926 年）	1926 年第 1 卷第 1～4 期
	戴裔煊			
1	《蠻族與圖騰關係之史的檢討》	戴裔煊	現代史學	1934 年第 2 卷第 1～2 期
2	《中國各地的民間會社》	戴裔煊譯	青年中國季刊	1940 年第 1 卷第 2 期
3	《鮑亞士及其學說述略》	戴裔煊	民族學研究集刊	1943 年第 3 期
4	《論巫術與宗教》	Lord Raglan 原著戴……	民俗	1943 年第 2 卷第 4 期
5	《民族學理論與方法的遞演》	戴裔煊	民族學研究集刊	1946 年第 5 期
6	《幹蘭考》	戴裔煊	文教	1947 年第 1 卷第 1 期
7	《僚族研究》	戴裔煊	民族學研究集刊	1948 年第 6 期

丁文江			
1	《赫胥黎的偉大》	丁文江	晨報副刊	1925 年第 98 期
2	《漫遊散記（二）》	丁文江	獨立評論	1932 年第 6 期
3	《漫遊散記（十）》	丁文江	獨立評論	1932 年第 21 期
4	《抗日剿匪與中央的政局》	丁文江	獨立評論	1932 年第 19 期
5	《誤人的地圖（通信）》	浮萍、丁文江	獨立評論	1932 年第 19 期
6	《犬養被刺與日本政局的前途》	丁文江	獨立評論	1932 年第 1 期
7	《所謂北平各大學合理化的計劃》	丁文江	獨立評論	1932 年第 3 期
8	《漫遊散記（六）》	丁文江	獨立評論	1932 年第 13 期
9	《漫遊散記（一）》	丁文江	獨立評論	1932 年第 5 期
10	《漫遊散記（三）》	丁文江	獨立評論	1932 年第 8 期
11	《漫遊散記（十二）雲南箇舊》	丁文江	獨立評論	1932 年第 24 期
12	《漫遊散記（五）》	丁文江	獨立評論	1932 年第 10 期
13	《漫遊散記（八）》	丁文江	獨立評論	1932 年第 16 期
14	《漫遊散記（九）雲南箇舊》	丁文江	獨立評論	1932 年第 20 期
15	《漫遊散記（四）》	丁文江	獨立評論	1932 年第 9 期
16	《漫遊散記（十一）》	丁文江	獨立評論	1932 年第 23 期
17	《漫遊散記（七）》	丁文江	獨立評論	1932 年第 14 期
18	《漫遊散記（十八）》	丁文江	獨立評論	1933 年第 48 期
19	《漫遊散記（十五）》	丁文江	獨立評論	1933 年第 36 期
20	《蘭州的教育慘案與開發西北（通信）》	李行之、丁文江	獨立評論	1933 年第 35 期
21	《漫遊散記（二十一）》	丁文江	獨立評論	1933 年第 85 期
22	《漫遊散記（十七）》	丁文江	獨立評論	1933 年第 46 期
23	《漫遊散記（十九）金沙江》	丁文江	獨立評論	1933 年第 52～53 期
24	《漫遊散記（十六）》	丁文江	獨立評論	1933 年第 42 期
25	《漫遊散記（十四）》	丁文江	獨立評論	1933 年第 35 期
26	《漫遊散記（二十）金沙江》	丁文江	獨立評論	1933 年第 83 期
27	《漫遊散記（十三）》	丁文江	獨立評論	1933 年第 34 期
28	《漫遊散記（二十）金沙江》	丁文江	獨立評論	1933 年第 84 期

			方國瑜	
1	《條約上滇緬南段未定界之地名》	方國瑜	民族	1935 年第 3 卷第 7～12 期
2	《葫蘆王地之今昔》	方國瑜	新亞細亞	1935 年第 9 卷第 5 期
3	《滇緬邊界的菖蒲桶》	方國瑜	新亞細亞	1935 年第 9 卷第 3 期
4	《班洪風土記》	方國瑜	西南邊疆	1938 年第 1 期
5	《明修雲南方志書目》	方國瑜	教育與科學	1938 年第 4 期
6	《班洪風土記》	方國瑜	西南邊疆	1938 年第 2 期
7	《馬可波羅雲南行紀箋證》	方國瑜	西南邊疆	1939 年第 4 期
8	《宋史蒲甘傳補》	方國瑜	文史雜誌	1943 年第 2 卷第 11～12 期
9	《卡瓦山聞見記》	方國瑜	西南邊疆	1944 年第 10 期
10	《讀諸蕃志札記》	方國瑜	文訊	1946 年第 6 卷第 7 期
11	《明初流竄雲南之日本僧》	方國瑜	文訊	1946 年第 6 卷第 3 期
12	《西南夷風土記跋》	方國瑜	南洋學報	1948 年第 5 卷第 1 輯
			費孝通	
1	《社會學家派克教授論中國》	費孝通	再生雜誌	1933 年第 2 卷第 1 期
2	《親迎婚俗之研究》	費孝通	社會學界	1934 年第 8 卷
3	《譯甘肅土人的婚姻序》	費孝通	宇宙	1935 年第 3 卷第 7 期
4	《為調查研究桂省特種部族人種》	王同惠、費孝通	宇宙	1935 年第 3 卷第 8 期
5	《為調查研究桂省特種部族人種》	王同惠、費孝通	宇宙	1935 年第 3 卷第 11 期
6	《桂行通訊一〇七一〇九》	費孝通、王同惠	社會研究	1935 年第 101～128 期
7	《為調查研究桂省特種部族人種》	王同惠、費孝通	宇宙	1936 年第 4 卷第 2 期
8	《為調查研究桂省特種部族人種》	王同惠、費孝通	宇宙	1936 年第 4 卷第 3 期
9	《真知識與假知識》	費孝通	中建	1938 年第 1 卷第 6 期
10	《美國政治動向會變更麼？》	費孝通	中建	1938 年第 1 卷第 10 期
11	《從美國大選看美國民主》	費孝通	中建	1938 年第 1 卷第 9 期
12	《休戰不是和平》	費孝通	中建	1938 年第 1 卷第 4 期
13	《論英美的武裝警備政策》	費孝通	中建	1938 年第 1 卷第 7 期
14	《讀張菊生先生「芻蕘之言」》	費孝通	中建	1938 年第 1 卷第 8 期

15	《和難戰亦不成》	費孝通	中建	1938 年第 1 卷第 2 期
16	《論「苦撐待變」》	費孝通	中建	1938 年第 1 卷第 1 期
17	《農村土地權的外流》	費孝通	今日評論	1940 年第 3 卷第 11 期
18	《娛樂？工作？》	費孝通	戰國策	1940 年第 12 期
19	《農期參差性和勞力利用》	費孝通	新經濟半月刊	1940 年第 3 卷第 7 期
20	《農貸方式的檢討》	費孝通	中農月刊	1940 年第 1 卷第 6 期
21	《戰時內地農村勞力問題》	費孝通	東方雜誌	1940 年第 37 卷第 13 期
22	《內地農村尚未缺乏勞力》	費孝通	新經濟半月刊	1940 年第 3 卷第 11 期
23	《內地農村的租佃和雇傭》	費孝通	中農月刊	1940 年第 1 卷第 4 期
24	《勞工的社會地位》	費孝通	今日評論	1940 年第 5 卷第 1～2 期
25	《增加生產與土地利用》	費孝通	當代評論	1941 年第 1 卷第 13 期
26	《夫婦之間》	費孝通	東方雜誌	1941 年第 38 卷第 21 期
27	《鄉村工業的兩種型式》	費孝通	新經濟	1942 年第 6 卷第 7 期
28	《鄉村工業的兩種型式》	費孝通	新經濟半月刊	1942 年第 6 卷第 7 期
29	《交代參差》	費孝通	當代評論	1942 年第 2 卷第 20 期
30	《中國鄉村工業的性質及前途》	費孝通	旅行雜誌	1943 年第 17 卷第 2 期
31	《家庭結構的基本形態》	費孝通	自由論壇	1943 年第 1 卷第 3 期
32	《居處的離合》	費孝通	自由論壇	1943 年第 1 卷第 4 期
33	《美國民主精神的展望》	費孝通	民主周刊	1944 年第 1 卷第 3 期
34	《旅美寄言》	費孝通	自由導報周刊	1945 年第 5 期
35	《論美國對華政策》	費孝通	文萃	1945 年第 8 期
36	《平民世紀的展開》	費孝通	民主周刊	1945 年第 2 卷第 5 期
37	《論效率》	費孝通	民主周刊	1945 年第 1 卷第 14 期
38	《這是在戰時》	費孝通	自由導報周刊	1945 年第 3 期
39	《人情和邦交》	費孝通	自由導報周刊	1945 年第 4 期
40	《東菲的昆明》	費孝通	自由導報周刊	1945 年第 3 期
41	《一張漫畫》	費孝通	自由導報周刊	1945 年第 4 期
42	《禍根未除》	費孝通	民主周刊	1945 年第 2 卷第 9 期
43	《論武器》	費孝通	理論與現實	1946 年第 3 卷第 2 期
44	《人民政黨　民主》	費孝通	書報精華	1946 年
45	《制憲·歷史·教訓》	費孝通	再生	1946 年第 123 期
46	《人性和機器（續）》	費孝通	再生	1946 年第 106 期
47	《人性和機器（續完）》	費孝通	再生	1946 年第 107 期

48	《「愛的教育」之重沐》	費孝通	上海文化	1946 年第 10 期
49	《初訪美國》	費孝通	圖書季刊	1946 年新第 7 卷第 3～4 期
50	《銷骨爲屬》	費孝通	月刊(1945 年)	1946 年第 1 卷第 5 期
51	《從日常生活論中美文化》	費孝通	上海文化	1946 年第 5 期
52	《美國人怎樣辦報怎樣讀報？：爲「上海文化」特……》	費孝通	上海文化	1946 年第 5 期
53	《文化的物質面與精神面》	費孝通	上海文化	1946 年第 7 期
54	《歐洲仲夏夜之夢》	費孝通	現代文摘	1947 年第 1 卷第 12 期
55	《從杜魯門主義到馬歇爾主義》	費孝通	現代文摘	1947 年第 1 卷第 7 期
56	《不應固執地去看美國外交》	費孝通	現代文摘	1947 年第 1 卷第 9 期
57	《英國爲甚麼也鬧煤荒？》	費孝通	新世界月刊	1947 年第 3 期
58	《我們對於「經濟改革方案」意見》	費孝通、楊西孟等	書報精華	1947 年第 33 期
59	《不愁疾病》	費孝通	醫潮	1947 年第 1 卷第 2 期
60	《美國的苦悶》	費孝通	書報精華	1947 年第 32 期
61	《不應固執的去看美國外交》	費孝通	書報精華	1947 年第 31 期
62	《歐美之間》	費孝通	書報精華	1947 年第 34 期
63	《美蘇爭霸論》	費孝通	書報精華	1947 年第 36 期
64	《關於『城』『鄉』問題》	費孝通	中國建社	1947 年第 5 卷第 6 期
65	《漫談桑梓情誼》	費孝通	中國建社	1947 年第 5 卷第 4 期
66	《亦談社會調查（學習之話）》	費孝通	讀書與出版（1946 年）	1947 年第 2 年第 10 期
67	《科舉與社會流動》	潘光旦、費孝通	社會科學	1947 年第 4 卷第 1 期
68	《論私》	費孝通	世紀評論	1947 年第 2 卷第 16 期
69	《禮治秩序》	費孝通	世紀評論	1947 年第 2 卷第 21 期
70	《再論文字下鄉》	費孝通	世紀評論	1947 年第 2 卷第 7 期
71	《文字下鄉》	費孝通	世紀評論	1947 年第 2 卷第 5 期
72	《差序的格局》	費孝通	世紀評論	1947 年第 2 卷第 12 期
73	《傳統在英國》	費孝通	世紀評論	1947 年第 1 卷第 24 期
74	《道德在私人間》	費孝通	世紀評論	1947 年第 2 卷第 18 期
75	《差序的格局》	清華大學教授費孝通	曼谷雜誌	1947 年第 1 卷第 10 期
76	《中國社會學的長成》	費孝通	文訊	1947 年第 7 卷第 4 期
77	《美國對華政策的一種看法》	費孝通	現代文摘	1947 年第 1 卷第 3 期

78	《同是兩大之間》	費孝通	現代文摘	1947 年第 1 卷第 4 期
79	《生育制度》	費孝通	圖書季刊	1947 年新第 8 卷第 3 ～4 期
80	《繰絲工業與合作運動》	費孝通著 郭廷揚譯	工業合作	1947 年第 34～35 期
81	《所謂家庭中心說》	費孝通	世紀評論	1947 年第 2 卷第 10 期
82	《熟人里長大的》	費孝通	世紀評論	1947 年第 2 卷第 3 期
84	《兒童與文化》	費孝通	兒童與社會	1948 年第 3 期
85	《鄉土中國》	費孝通	圖書季刊	1948 年新第 9 卷第 1 ～2 期
86	《無爲政治》	費孝通	世紀評論	1948 年第 3 卷第 4 期
87	《現代社會學》	費孝通	思想與時代	1948 年第 51 期
88	《美國的保守國會》	費孝通	展望	1948 年第 3 卷第 10 期
89	《漫談桑梓情誼》	費孝通	中國建設月刊	1948 年第 5 卷第 4 期
90	《鄉土工業與土地問題——黎民不饑不寒的小康……》	費孝通	地政通訊	1948 年第 3 卷第 3 期
91	《取消土革的農複方案》	費孝通	地政通訊	1948 年第 3 卷第 9 期
92	《關於「城」「鄉」問題》	費孝通	中國建設月刊	1948 年第 5 卷第 6 期
93	《知識分子的社會地位》	費孝通	展望	1948 年第 2 卷第 3 期
94	《耕者有其田說之分析》	費孝通	廣播周報	1948 年年第 94 期
95	《城鄉聯繫的又一面》	費孝通	中國建設月刊	1949 年第 7 卷第 1 期
96	《所謂家庭中心說》	費孝通	世紀評論	1949 年第 10 期
97	《論私》	費孝通	世紀評論	1949 年第 16 期
98	《論考大學》	費孝通	新華月報	1949 年第 1 卷第 1～6 期
99	《道德在私人間》	費孝通	世紀評論	1949 年第 18 期
胡鑒民				
1	《哈爾凡克斯的自殺的原因》	胡鑒民	社會學刊	1932 年第 3 卷第 2 期
2	《全靠主義不能救中國》	胡鑒民	時代公論	1932 年第 1 卷第 5 期
3	《涂爾幹氏的社會心理學說》	胡鑒民	中法大學月刊	1932 年第 1 卷第 4 期
4	《科學與中國社會改造》	胡鑒民	大陸（1932 年）	1932 年第 1 卷第 2 期
5	《關於德國的政治與種族問題的著作》	胡鑒民	社會科學研究	1935 年第 1 卷第 4 期
6	《從文化之性質講到文化學及文化建設》	胡鑒民	社會科學研究	1935 年第 1 卷第 1 期
7	《關於兩淮及蘭溪的空前著述》	胡鑒民	社會科學研究	1935 年第 1 卷第 2 期

8	《關於人類的前途》	胡鑒民	進化	1936 年第 1 卷第 4 期
9	《政治起源論》	胡鑒民	民族學研究集刊	1936 年第 1 期
10	《羌族之信仰與習爲》	胡鑒民	邊疆研究論叢	1941 年
11	《泛論進化與學術救國》	胡鑒民	讀書通訊	1941 年第 26 期
12	《格里格林傑：人類宗教之進化》	胡鑒民	西南邊疆	1942 年第 15 期
13	《苗人的家族與婚姻習俗瑣記》	胡鑒民	邊疆研究論叢	1945 年
黃文山				
1	《人類，文化與文明》	黃文山	新社會科學	1934 年第 1 卷第 2 期
2	《階級邏輯與文化民族學》	黃文山	新社會科學	1935 年第 1 卷第 4 期
3	《民族學與中國民族研究》	黃文山	民族學研究集刊	1936 年第 1 期
4	《文化史上的廣東與廣東文化建設》	黃文山	社會與教育月刊	1937 年第 1 卷第 7 期
5	《文化史上的廣東與廣東文化建設》	黃文山	新粵周刊	1937 年第 1 卷第 1 期
6	《轉載——民族文化建設綱領》	黃文山	戰時文化	1939 年第 2 卷第 1 期
7	《權力，一個新的社會分析》	黃文山	中國青年（1939 年）	1939 年第 1 卷第 1 期
8	《權力的科學試探》	黃文山	青年中國季刊	1939 年第 1 期
9	《民族學研究上一般的原則與方法》	黃文山	青年中國季刊	1940 年第 1 卷第 2 期
10	《世界文化的轉向及其展望》	黃文山	中山文化季刊	1943 年第 1 卷第 1 期
11	《種族主義論》	黃文山	民族學研究集刊	1943 年第 3 期
12	《文化學上的科學的比較方法》	黃文山	中華文化	1946 年第 1 卷第 1 期
13	《綜論殖民地制度及其戰後廢止的方案》	黃文山	民族學研究集刊	1946 年第 5 期
14	《岑著「西南民族文化論叢」序》	黃文山	社會學訊	1947 年第 5 期
江應梁				
1	《楊一清與明代中年之西北邊疆》	江應梁	新亞細亞	1925 年第 10 卷第 1 期
2	《華僑與土人同化問題》	江應梁	南洋情報	1932 年第 1 卷第 2 期
3	《華僑移殖南洋的幾個重要時期》	江應梁	南洋情報	1932 年第 1 卷第 3 期
4	《安南民族之由來》	江應梁、馬駿譯	新亞細亞	1933 年第 6 卷第 3 期
5	《中南交通之初期考》	江應梁	南洋研究	1933 年第 4 卷第 5～6 期

6	《國內出版物將絕迹於南洋》	江應梁	南洋情報	1933 年第 1 卷第 4 期
7	《失業華僑歸國之救濟》	江應梁	南洋情報	1933 年第 2 卷第 2 期
8	《中國初次征服安南考》	江應梁、馬駿合譯	新亞細亞	1933 年第 6 卷第 1 期
9	《南洋僑教當前之危機》	江應梁	南洋情報	1933 年第 1 卷第 7 期
10	《救僑應從貫輸文化入手》	江應梁	南洋情報	1933 年第 1 卷第 5 期
11	《南洋華僑多閩粵人的原因》	江應梁	南洋情報	1933 年第 1 卷第 8 期
12	《歸國僑生應否施與特殊教育》	江應梁	南洋情報	1933 年第 2 卷第 1 期
13	《唐代中國與阿拉伯人之海上交通》	江應梁	大學雜誌	1934 年第 2 卷第 3 期
14	《楊一清與明代中年之西北邊疆》	江應梁	新亞細亞	1935 年第 10 卷第 1 期
15	《廣東猺人之史的考察》	江應梁	新亞細亞	1936 年第 12 卷第 6 期
16	《歷代治黎與開化海南黎苗之研究》	江應梁	新亞細亞	1937 年第 13 卷第 4 期
17	《評鳥居龍藏之苗族調查報告》	江應梁	現代史學	1937 年第 3 卷第 2 期
18	《雲南用貝考》	江應梁	新亞細亞	1937 年第 13 卷第 1 期
19	《雲南西部僰夷民族之經濟社會》	江應梁	西南邊疆	1938 年第 1 期
20	《廣東北江猺人的生活》	江應梁	東方雜誌	1938 年第 35 卷第 11 期
21	《僰夷民族之家族組織及婚姻制度》	江應梁	西南邊疆	1938 年第 2 期
22	《雲南西部之邊疆夷民教育》	江應梁	青年中國季刊	1939 年第 1 期
23	《涼山一角》	江應梁	旅行雜誌	1943 年第 17 卷第 6 期
24	《苗人來源及其遷徙區域（上）》	江應梁	邊政公論	1944 年第 3 卷第 4 期
25	《苗人來源及其遷徙區域（下）》	江應梁	邊政公論	1944 年第 3 卷第 5 期
26	《邊政研究工作在雲南（通訊）》	江應梁	文史雜誌	1945 年第 5 卷第 9～10 期
27	《西南邊區的特種文字》	江應梁	邊政公論	1945 年第 4 卷第 1 期
28	《雲南邊疆地理概要》	江應梁	邊政公論	1947 年第 6 卷第 4 期
29	《雲南土司制度之利弊與存廢》	江應梁	邊政公論	1947 年第 6 卷第 1 期
30	《請確定西南邊疆政策》	江應梁	邊政公論	1948 年第 7 卷第 1 期
31	《我怎樣研究西南民族》	江應梁	文史春秋	1948 年第 2 期

	柯象峰			
1	《西康紀行》	柯象峰	邊政公論	1941 年第 1 卷第 3～4 期
2	《中國邊疆研究計劃與方法之商榷》	柯象峰	邊政公論	1941 年第 1 卷第 1 期
3	《西康紀行（一續）》	柯象峰	邊政公論	1942 年第 1 卷第 7～8 期
	李安宅			
1	《西藏系佛教僧教育制度》	李安宅	海潮音	1940 年第 21 卷第 5～6 期
2	《拉卜楞寺概況》	李安宅	邊政公論	1941 年第 1 卷第 2 期
3	《關於藏王(贊普)世系年代考證》	李安宅	邊政公論	1941 年第 1 卷第 3～4 期
4	《藏人論藏（上）》	李安宅	邊政公論	1942 年第 1 卷第 7～8 期
5	《青年心理建設舉例——四種態度問題》	李安宅	學思	1942 年第 1 卷第 9 期
6	《邊民社區實地研究綱要》	李安宅	華文月刊	1942 年第 1 卷第 1 期
7	《藏民祭太子山典禮觀光記》	李安宅	華文月刊	1942 年第 1 卷第 2 期
8	《論邊疆服務》	李安宅	邊疆服務	1943 年第 1 期
9	《一，喇嘛教育制度》	李安宅	大學月刊（1942 年）	1943 年第 2 卷第 8 期
10	《論邊疆工作如何做？》	李安宅	大學月刊（1942 年）	1943 年第 2 卷第 11～12 期
11	《藏民年節》	李安宅	風土什志	1943 年第 1 卷第 2～3 期
12	《回教與回族》	李安宅	學思	1943 年第 3 卷第 5 期
13	《回教傳入中國與「回族」問題》	李安宅	華文月刊	1943 年第 2 卷第 2～3 期
14	《邊疆工作的需要》	李安宅	邊疆服務	1943 年第 9 期
15	《論堅貞與邊疆》	李安宅	邊疆通訊	1943 年第 1 卷第 4 期
16	《宗教與邊疆建設》	李安宅	邊政公論	1943 年第 2 卷第 9～10 期
17	《論社會工作》	李安宅	文化先鋒	1943 年第 2 卷第 6 期
18	《論邊疆工作如何做法》	李安宅	大學月刊（1942 年）	1943 年第 2 卷第 11～12 期
19	《論科學教育》	李安宅	學思	1943 年第 3 卷第 7 期

20	《研究服務訓練要連合起來》	李安宅	邊疆服務	1943 年第 4 期
21	《實地研究與邊疆》	李安宅	邊疆通訊	1943 年第 1 卷第 1 期
22	《新畫風的開創——觀楊鄉生先生畫展書感——》	李安宅	文化先鋒	1944 年第 3 卷第 16 期
23	《論邊疆工作如何做？（續）》	李安宅	大學月刊（1942 年）	1944 年第 3 卷第 1 期
24	《印度之自由問題》	艾伯蘭講 李安宅編譯	文化先鋒	1944 年第 3 卷第 10 期
25	《邊疆社會建設》	李安宅	社會建設	1944 年第 1 卷第 1 期
26	《印度問題講座　現代印度之領袖》	李安宅編譯	文化先鋒	1944 年第 3 卷第 19 期
27	《邊疆工作所需的條件》	李安宅	文化先鋒	1944 年第 4 卷第 4 期
28	《印度之土地與人民》	李安宅譯	文化先鋒	1944 年第 3 卷第 6 期
29	《印度問題講座　印度之婦女》	李安宅編譯	文化先鋒	1944 年第 3 卷第 22 期
30	《就社會現狀求實現民主應先舉辦之事……》	陳聚濤、潘光旦、柯象峰	憲政月刊	1945 年第 16 期
31	《雲霓之望》	李安宅	新西康	1945 年第 3 卷第 6～8 期
32	《薩迦派喇嘛教》	李安宅	邊政公論	1945 年第 4 卷第 7～8 期
33	《西康德格之歷史與人口》	李安宅	邊政公論	1946 年第 5 卷第 2 期
34	《論語言的通貨膨脹》	李安宅	文化先鋒	1946 年第 5 卷第 15 期
35	《談邊疆教育》	李安宅	邊疆通訊	1947 年第 4 卷第 2 期
36	《勝利與邊疆工作》	李安宅	邊疆通訊	1947 年第 4 卷第 1 期
黎光明				
1	《中國最近的局勢》	黎光明	廣東青年	1926 年第 6 期
2	《五月各個紀念日的來源和意義》	黎光明	廣東青年	1926 年第 9 期
3	《汲冢竹書考》	黎光明	國立第一中山大學語言歷史學研究所周刊	1928 年第 31 期
4	《汲冢竹書考（續）》	黎光明	國立第一中山大學語言歷史學研究所周刊	1928 年第 33 期

5	《汲冢竹書考（續）》	黎光明	國立第一中山大學語言歷史學研究所周刊	1928 年第 32 期
6	《中國地方志綜錄質疑》	黎光明	禹貢	1935 年第 4 卷第 8 期
7	《雲溪站名勝》	黎光明	粵漢半月刊	1948 年第 3 卷第 8 期
李 濟				
1	《中國考古報告集之一 ——城子崖發掘報告序》	李濟	東方雜誌	1935 年第 32 卷第 1 號
2	《記小屯出土之青銅器》	李濟	中國考古學報	1948 年第 3 期
3	《中國考古學報第三冊》	李濟等編	圖書季刊	1948 年新第 9 卷第 1～2 期
4	《記小屯出土之青銅器》	李濟	中國考古學報	1949 年第 4 期
李拂一				
1	《南洋失業華僑與開發滇邊》	李拂一	新亞細亞	1931 年第 2 卷第 6 期
2	《西藏與車里之茶業貿易》	李拂一	新亞細亞	1931 年第 2 卷第 6 期
3	《滇邊失地孟艮土司之考察》	李拂一	新亞細亞	1932 年第 3 卷第 5 期
4	《車里命名來源考》	李拂一	邊疆通訊	1945 年第 3 卷第 5 期
凌純聲				
1	《新疆之民族問題及國際關係》	凌純聲	外交評論	1933 年第 2 卷第 11 期
2	《民族學與現代文化》	凌純聲	國風半月刊	1933 年第 2 卷第 1 期
3	《猺民造反》	凌純聲	時代公論	1933 年第 2 卷第 56 期
4	《猺民造反》	凌純聲	時代公論	1933 年第 2 卷第 56 期
5	《太平洋上列強殖民地概觀》	凌純聲	外交評論	1934 年第 3 卷第 1 期
6	《從政治地理上論班洪事件》	凌純聲	時代公論	1934 年第 3 卷第 9 期
7	《中英會勘南奔河滇緬國界之經過》	凌純聲	外交評論	1935 年第 5 卷第 1 期
8	《民族學實地調查方法》	凌純聲	民族學研究集刊	1936 年第 1 期
9	《中法桂越國界及邊地交涉》	凌純聲	外交評論	1936 年第 7 卷第 5 期
10	《孟定——滇邊一個瘴區的地理研究》	凌純聲	西南邊疆	1938 年第 1 期
11	《中國邊政之土司制度（上）》	凌純聲	邊政公論	1943 年第 2 卷第 11～12 期
12	《中國邊政之盟旗制度》	凌純聲	邊政公論	1943 年第 2 卷第 9～10 期

13	《中國邊政之土司制度（中）》	淩純聲	邊政公論	1944 年第 3 卷第 1 期
14	《中國邊政之土司制度（下）》	淩純聲	邊政公論	1944 年第 3 卷第 2 期
15	《邊疆教育工作報告》	淩純聲	邊鐸月刊	1946 年第 9 期
16	《苗族的地理分佈》	淩純聲	民族學研究集刊	1946 年第 5 期
17	《湘西苗族調查報告》	淩純聲芮逸夫	圖書季刊	1947 年新第 8 卷第 3～4 期
18	《中國邊政改革芻議》	淩純聲	邊政公論	1947 年第 6 卷第 1 期
19	《戰後兩年來的中國邊疆教育》	淩純聲	中華教育界	1948 年第 2 卷第 1 期復刊
	林耀華			
1	《嚴復社會思想》	林耀華	社會學界	1933 年第 7 卷
2	《從人類學的觀點考察中國近代社會》	林耀華	社會研究	1935 年第 101～128 期
3	《親屬稱謂制度》	林耀華	月報	1937 年第 1 卷第 3 期
4	《人與文化》	林耀華	學思	1943 年第 3 卷第 5 期
5	《邊疆研究的途徑》	林耀華	邊政公論	1943 年第 2 卷第 1～2 期
6	《大小涼山考察記（一）》	林耀華	邊政公論	1944 年第 3 卷第 5 期
7	《大涼山儸儸的階級制度》	林耀華	邊政公論	1944 年第 3 卷第 9 期
8	《英美人類學知識應用於行政領域的借鑒》	林耀華	社會行政季刊（1944 年）	1944 年第 1 卷第 1 期
9	《康北藏民之社會狀況（中）》	林耀華	流星	1945 年第 1 卷第 2 期
10	《康北藏民的社會狀況（上）》	林耀華	流星	1945 年第 1 卷第 1 期
11	《康北藏民的社會狀況（下）》	林耀華	流星	1945 年第 1 卷第 5 期
12	《川康嘉戎的家族與婚姻》	林耀華	燕京社會科學	1948 年第 1 卷
	嶺光電			
1	《西南夷族史》	嶺光電	新夷族	1936 年第 1 卷第 1 期
2	《與奮飛光電書》	嶺邦正、嶺光電譯	新夷族	1936 年第 1 卷第 1 期
3	《石達開在寧屬之失敗經過》	嶺光電	新寧遠	1941 年第 1 卷第 10～11 期
4	《倮儸情歌》	嶺光電譯	康導月刊	1944 年第 5 卷第 10 期
5	《黑夷和白夷》	嶺光電	邊政公論	1948 年第 7 卷第 2 期

	馬長壽			
1	《中國西南民族分類》	馬長壽	民族學研究集刊	1936 年第 1 期
2	《中國古代花甲生藏之起源與再現》	馬長壽	民族學研究集刊	1936 年第 1 期
3	《川康邊境之民族分佈及其文化特質》	馬長壽	邊疆問題	1939 年第 3 期
4	《苗猺之起源神話》	馬長壽	民族學研究集刊	1940 年第 2 期
5	《四川古代僚族問題》	馬長壽	青年中國季刊	1940 年第 2 卷第 1 期
6	《缽教源流》	馬長壽	民族學研究集刊	1943 年第 3 期
7	《涼山羅夷的族譜》	馬長壽	邊疆研究論叢	1945 年
8	《中國古代傳？中之女系氏族社會》	馬長壽	文史雜誌	1945 年第 5 卷第 5～6 期
9	《中國四裔的幼子承繼權》	馬長壽	文史雜誌	1945 年第 5 卷第 9～10 期
10	《康藏民族之分類體質種屬及其社會組織》	馬長壽	民族學研究集刊	1946 年第 5 期
11	《人類學在我國邊政上的應用》	馬長壽講鄭守恪記	邊疆通訊	1947 年第 4 卷第 6 期
12	《十年來邊疆研究的回顧與展望》	馬長壽	邊疆通訊	1947 年第 4 卷第 4 期
13	《人類學在邊政上的應用》	馬長壽	邊政公論	1947 年第 6 卷第 3 期
14	《少數民族問題》	馬長壽	民族學研究集刊	1948 年第 6 期
15	《論民族社會的性質》	馬長壽	社會學刊	1948 年第 6 卷合刊
	曲木藏堯			
1	《國難嚴重下之西南國防與夷族》	曲木藏堯	新夷族	1936 年第 1 卷第 1 期
2	《石達開與寧屬》	曲木藏堯	新寧遠	1940 年第 1 卷第 1 期
	任乃強			
1	《川康交通考》	任乃強	新亞細亞	1932 年第 3 卷第 4 期
2	《西康圖經境域篇（續）》	任乃強	新亞細亞	1933 年第 5 卷第 6 期
3	《西康圖經境域篇》	任乃強	新亞細亞	1933 年第 5 卷第 4 期
4	《西康圖經境域篇（續）》	任乃強	新亞細亞	1933 年第 5 卷第 5 期
5	《西康圖經境域篇》	任乃強	新亞細亞	1933 年第 5 卷第 3 期
6	《西康圖經民俗篇》	任乃強	新亞細亞	1933 年第 6 卷第 1 期

7	《西康圖經（地文篇）》	任乃強	新亞細亞	1934 年第 8 卷第 5 期
8	《西康圖經（民俗篇）》	任乃強	新亞細亞	1934 年第 7 卷第 3 期
9	《西康圖經（民俗篇）》	任乃強	新亞細亞	1934 年第 7 卷第 4 期
10	《西康圖經（民俗篇）》	任乃強	新亞細亞	1934 年第 7 卷第 2 期
11	《西康圖經（地文篇）》	任乃強	新亞細亞	1934 年第 8 卷第 6 期
12	《西康圖經（地文篇）（續）》	任乃強	新亞細亞	1935 年第 9 卷第 3 期
13	《西康圖經（地文篇）（續）》	任乃強	新亞細亞	1935 年第 9 卷第 4 期
14	《西康圖經（地文篇）（續）》	任乃強	新亞細亞	1935 年第 9 卷第 2 期
15	《西康圖經（地文篇）（續）》	任乃強	新亞細亞	1935 年第 9 卷第 1 期
16	《西藏政教史鑒（四續）》	任乃強譯	康導月刊	1940 年第 3 卷第 4 期
17	《吐蕃音義考》	任乃強	康導月刊	1943 年第 5 卷第 4 期
18	《西藏政教史鑒（續完）》	劉立千譯 任乃強校注	康導月刊	1943 年第 5 卷第 6 期
19	《論邊腹遷變與西康前途》	任乃強	康導月刊	1943 年第 5 卷第 6 期
20	《『康藏史地大綱論評』的批評》	任乃強	康導月刊	1943 年第 5 卷第 4 期
21	《西藏政教史鑒》	劉立千譯 任乃強注	康導月刊	1943 年第 5 卷第 2～3 期
22	《辨王暉石棺浮雕》	任乃強	康導月刊	1943 年第 5 卷第 1 期
23	《塔弓寺與其神話》	任乃強	康導月刊	1943 年第 5 卷第 2～3 期
24	《西藏政教史鑒（續三卷十一期）》	劉立千譯 任乃強注	康導月刊	1943 年第 5 卷第 1 期
25	《樊敏碑考》	任乃強	說文月刊	1944 年第 4 卷
26	《百萬分一康藏標準地圖提要》	任乃強	中國邊疆	1944 年第 3 卷第 3～4 期
27	《八、邊疆墾殖與社會工作（中）》	任乃強	社會建設	1944 年第 1 卷第 2 期
28	《松贊岡布年譜》	任乃強	康導月刊	1944 年第 6 卷第 1 期
29	《西康地圖譜》	任乃強	康導月刊	1944 年第 5 卷第 11～12 期
30	《邊疆墾殖與社會工作（上）》	任乃強	社會建設	1944 年第 1 卷第 1 期
31	《西康地圖譜》	任乃強	康導月刊	1944 年第 6 卷第 1 期
32	《西康地圖譜》	任乃強	康導月刊	1944 年第 5 卷第 10 期
33	《吐蕃譯變之輻射》	任乃強	邊政公論	1945 年第 4 卷第 9～12 期
34	《喇嘛教民之轉經生活》	任乃強	文史雜誌	1945 年第 5 卷第 9～10 期

35	《西康地圖譜》	任乃強	康導月刊	1945 年第 6 卷第 2～4 期
36	《蠻三國的初步介紹》	任乃強	邊政公論	1945 年第 4 卷第 4～6 期
37	《哥老會之策源地——雅州》	任乃強	新西康	1946 年第 4 卷第 5～6 期
38	《西藏自治與康藏劃界》	任乃強	邊政公論	1946 年第 5 卷第 2 期
39	《關於蠻三國》	任乃強	康導月刊	1947 年第 6 卷第 9～10 期
40	《再談西康奇藥獨一味》	任乃強	康導月刊	1947 年第 6 卷第 9～10 期
41	《本年西藏政變之始末》	任乃強	邊政公論	1947 年第 6 卷第 4 期
42	《猱？》	任乃強	風土什志	1948 年第 2 卷第 2 期
孫學悟				
1	《人類學之概略》	孫學悟	科學	1916 年第 2 卷第 4 期
石啟貴				
1	《我對於邊區綏靖工作之觀感》	石啟貴	邊聲月刊	1940 年第 6 期
陶雲逵				
1	《麼些族之羊骨卜及肥卜》	陶雲逵	國立中央研究院歷史語言研究所人類學集刊	1938 年第 1 卷第 1 期
2	《華歐混合血種——一個人類遺傳學的研究》	陶雲逵	民族學研究集刊	1940 年第 2 期
3	《雲南土著民族研究之過去與未來》	陶雲逵	邊政公論	1941 年第 1 卷第 5～6 期
4	《「邊政」人員專門訓練之必需》	陶雲逵	邊政公論	1941 年第 1 卷第 3～4 期
5	《力人》	陶雲逵	戰國策	1941 年第 2 卷第 13 期
6	《俅江紀程（續完）》	陶雲逵	西南邊疆	1942 年第 15 期
7	《論邊地漢人及其與邊疆建設之關係》	陶雲逵	邊政公論	1943 年第 2 卷第 1～2 期
8	《文化的本質》	陶雲逵	自由論壇	1943 年第 1 卷第 5～6 期
9	《文化的屬性》	陶雲逵	自由論壇	1944 年第 2 卷第 1 期
10	《社會文化之性質及其研究方法》	陶雲逵遺著	邊政公論	1944 年第 3 卷第 9 期
11	《幾個雲南藏緬語系土族的創世故事（附地圖一……）》	陶雲逵遺著	邊疆研究論叢	1945 年

		田汝康		
1	《內地女工（研究資料）》	田汝康	中國勞動	1942 年第 3 卷第 1 期
2	《內地女工（研究資料）》	田汝康	中國勞動	1942 年第 3 卷第 2 期
3	《憶芒市——邊地文化的素描》	田汝康	旅行雜誌	1943 年第 17 卷第 3 期
4	《內地女工（研究資料）》	田汝康	中國勞動	1943 年第 3 卷第 3 期
5	《內地女工（研究資料）》	田汝康	中國勞動	1943 年第 3 卷第 4 期
6	《大理風景論》	田汝康	旅行雜誌	1945 年第 19 卷第 5 期
7	《芒市邊民的擺》	田汝康	圖書季刊	1946 年新第 7 卷第 1～2 期
8	《英國怎麼樣（英倫特寫）》	田汝康	再生	1946 年第 106 期
		衛惠林		
1	《自然環境與民族文化》	衛惠林	新社會科學	1934 年第 1 卷第 2 期
2	《人類，種族與心理分析》	衛惠林	新社會科學	1934 年第 1 卷第 2 期
3	《文化的要素及其形態（Marcel Mauss 原著)》	衛惠林	社會科學研究	1935 年第 1 卷第 4 期
4	《社會制度之形成及其變遷的法則》	衛惠林	社會科學研究	1935 年第 1 卷第 1 期
5	《法蘭西大革命時代的社會思想》	衛惠林	中山文化教育館季刊	1935 年第 2 卷第 1～2 期
6	《民族學的對象領域及其關聯的問題》	衛惠林	民族學研究集刊	1936 年第 1 期
7	《世界現代人種分類的研究》	衛惠林	民族學研究集刊	1940 年第 2 期
8	《邊疆青年訓練問題》	衛惠林	中國青年（1939 年）	1940 年第 2 卷第 5 期
9	《中國邊疆研究的幾個問題》	衛惠林	邊疆研究通訊	1942 年第 1 卷第 1 期
10	《民俗第四期、中山大學文科研究所編輯》	衛惠林	邊疆研究通訊	1942 年第 1 卷第 3 期
11	《中國古代圖騰制度論證》	衛惠林	民族學研究集刊	1943 年第 3 期
12	《邊疆文化建設區站制度擬議》	衛惠林	邊政公論	1943 年第 2 卷第 1～2 期
13	《如何確立三民主義的邊疆民族政策》	衛惠林	邊政公論	1945 年第 4 卷第 1 期
14	《戰後世界民族問題及其解決原則》	衛惠林	民族學研究集刊	1946 年第 5 期
15	《論現階段的邊疆問題》	衛惠林	邊政公論	1947 年第 6 卷第 3 期

16	《論邊疆建設與中國前途》	衛惠林	中國邊疆建設集刊	1948 年第 1 期
17	《論世界文化與民族關係之前途》	衛惠林	民族學研究集刊	1948 年第 6 期
吳文藻				
1	《一個初試的國民性研究之分類書目》	吳文藻	大江季刊	1925 年第 1 卷第 2 期
2	《現代法國社會學（上）》	吳文藻	社會學刊	1932 年第 3 卷第 2 期
3	《現代法國社會（學）（二）》	吳文藻	社會學刊	1934 年第 4 卷第 2 期
4	《德國的系統社會學派》	吳文藻	社會學界	1934 年第 8 卷
5	《對於中國鄉村生活社會學調查的建議（編譯）……》	吳文藻	社會研究	1935 年第 101～128 期
6	《功能派社會人類學的由來與現狀》	吳文藻	社會研究	1935 年第 101～128 期
7	《「廣西省象縣東南鄉花藍猺社會組織」導言》	吳文藻	禹貢	1936 年第 5 卷第 10 期
8	《「廣西省象縣東南鄉花藍猺社會組織」導言》	吳文藻	禹貢	1936 年第 5 卷第 1 期
9	《中國社區研究計劃的商榷》	吳文藻	社會學刊	1936 年第 5 卷第 2 期
10	《功能派社會人類學的由來與現狀》	吳文藻	民族學研究集刊	1936 年第 1 期
11	《布朗教授的思想背景與其在學術上的貢獻》	吳文藻	文摘	1937 年第 1 卷第 1 期
12	《論邊疆教育》	吳文藻	益世周報	1938 年第 2 卷第 10 期
13	《抗戰時期與戀愛問題》	吳文藻	婦女新運	1941 年第 3 卷第 3 期
14	《邊政學發凡》	吳文藻	邊政公論	1941 年第 1 卷第 5～6 期
15	《何以要建立中國社會科學的基礎》	吳文藻	三民主義周刊	1941 年第 2 卷第 8 期
16	《如何建立中國社會科學的基礎》	吳文藻	三民主義周刊	1941 年第 2 卷第 9 期
17	《印度的社會與文化》	吳文藻	文化先鋒	1943 年第 2 卷第 16 期
18	《什麼是美國精神》	吳文藻	中國青年（南京）	1947 年第 10 期附刊
吳澤霖				
1	《東方人在美國所處之地位》	吳澤霖	東方雜誌	1929 年第 26 卷第 6 號
2	《強者與弱者的變態心理》	吳澤霖	社會學刊	1929 年第 1 卷第 1 期
3	《弱者的心理》	吳澤霖	社會學刊	1930 年第 1 卷第 3 期
4	《社會距離的一個調查》	吳澤霖	社會學刊	1930 年第 2 卷第 2 期

5	《吳澤林的國際行為的社會心理》	吳澤霖	社會學刊	1930 年第 2 卷第 1 期
6	《參觀日本中等學校教育報告》	吳澤霖	湖北教育廳公報	1930 年第 1 卷第 1 期
7	《中國大學教育的改革》	吳澤霖	教育雜誌（1909 年）	1931 年第 23 卷第 2 期
8	《人種的分類》	吳澤霖	大夏年刊	1933 年創立九週年紀念
9	《中國需要現代化麼？》	吳澤霖	申報月刊	1933 年第 2 卷第 7 號
10	《群眾的分析（上）》	吳澤霖	社會學刊	1933 年第 3 卷第 3 期
11	《現代種族敵視的起源》	吳澤霖譯	社會學刊	1933 年第 3 卷第 4 期
12	《怎樣改進中國之風俗》	吳澤霖	文化月刊	1934 年第 1 卷第 13 期
13	《民族復興的幾個條件》	吳澤霖	東方雜誌	1934 年第 31 卷第 18 號
14	《中國的貧窮問題》	吳澤霖	申報月刊	1934 年第 3 卷第 7 號
15	《韋格的下一代的人類》	吳澤霖	社會學刊	1934 年第 4 卷第 2 期
16	《環境與體質特徵》	吳澤霖	光華大學半月刊	1934 年第 3 卷第 5 期
17	《社會十六則》	吳澤霖	圖書評論	1934 年第 2 卷第 7 期
18	《社會二十則》	吳澤霖	圖書評論	1934 年第 2 卷第 9 期
19	《社會十七則》	吳澤霖	圖書評論	1934 年第 2 卷第 11 期
20	《社會二十四則》	吳澤霖	圖書評論	1934 年第 2 卷第 10 期
21	《社會十二則》	吳澤霖	圖書評論	1934 年第 2 卷第 12 期
22	《Problems of Population》	吳澤霖	大夏	1934 年第 1 卷第 1 期
23	《貧窮的詮釋》	吳澤霖	文化月刊	1934 年第 4 期
24	《群眾的分析（續）》	吳澤霖	社會學刊	1934 年第 4 卷第 3 期
25	《勞工研究中被忽略的問題》	吳澤霖	東方雜誌	1935 年第 32 卷第 1 號
26	《怎樣改進中國之風俗》	吳澤霖	申報月刊	1935 年第 4 卷第 1 期
27	《英文中國年鑒（書評）》	吳澤霖	出版周刊	1935 年第 168 期
28	《馬來的西孟族》	吳澤霖	南洋研究	1935 年第 5 卷第 5 期
29	《意大利對於研究罪犯學的傾向》	吳澤霖	東方雜誌	1936 年第 33 卷第 17 號
30	《一切科學的一致性》	吳澤霖	東方雜誌	1936 年第 33 卷第 5 號
31	《文化的比較研究》	吳澤霖	東方雜誌	1936 年第 33 卷第 22 號
32	《德國出生率大增的原因》	吳澤霖	東方雜誌	1936 年第 33 卷第 1 號
33	《英文中國年鑒（書評）》	吳澤霖	出版周刊	1936 年第 168 期
34	《薩慕亞人的生活（續）》	吳澤霖	南洋研究	1936 年第 6 卷第 2 期
35	《薩慕亞人之生活》	吳澤霖	南洋研究	1936 年第 5 卷第 6 期

36	《印第安人的來源》	吳澤霖、蘇希軾譯	新大夏	1938 年第 1 卷第 3 期
37	《怎樣才配做今日中國的大學生》	吳澤霖	大夏周報	1938 年第 15 卷第 6 期
38	《今日世界上基督新教的地位》	吳澤霖	東方雜誌	1938 年第 35 卷第 8 期
39	《社會學觀點下的青春期》	吳澤霖	東方雜誌	1938 年第 35 卷第 16 期
40	《貴陽城區勞工概況的初步調查》	吳澤霖	新大夏	1938 年第 1 卷第 3 期
41	《今後之文法學院》	吳澤霖	大夏周報	1938 年第 14 卷第 7 期
42	《抗戰中之人口政策》	吳澤霖	大夏周報	1938 年第 14 卷第 4 期
43	《貴州短裙黑苗的概況》	吳澤霖	東方雜誌	1939 年第 36 卷第 16 期
44	《邊疆的社會建設》	吳澤霖	邊政公論	1943 年第 2 卷第 1～2 期
45	《貴州的民族》	吳澤霖	文訊	1944 年第 5 卷第 1 期
46	《麼些人之社會組織與宗教信仰（下）》	吳澤霖	邊政公論	1945 年第 4 卷第 7～8 期
47	《戰後邊疆問題》	吳澤霖	清真鐸報	1945 年第 19 期
48	《麼些人之社會組織》	吳澤霖	邊政公論	1945 年第 4 卷第 4～6 期
49	《邊疆問題的一種看法》	吳澤霖	邊政公論	1947 年第 6 卷第 4 期
50	《胡適論學術獨立十年計劃及其反響》	胡適鄒魯陳序經胡先……	讀書通訊	1947 年第 144 期
51	《人類學上所瞭解的環境勢力》	吳澤霖	社會學刊	1948 年第 6 卷合刊
52	《人類的展望》	吳澤霖	東方雜誌	1948 年第 44 卷第 10 期
53	《人類的來歷》	吳澤霖	東方雜誌	1948 年第 44 卷第 3 期
54	《從麼些人研究談到推進邊政的原則》	吳澤霖	邊政公論	1946 年第 5 卷第 2 期
	許烺光			
1	《那裡去如何去？》	許烺光	教育與職業	1933 年第 143 期
2	《海德公園的演說風景》	許烺光	天地間	1940 年第 5 期
3	《英法男女社交》	許烺光	西風副刊	1940 年第 27 期
4	《陳達：南洋華僑與閩粵社會》	許烺光	人文科學學報	1943 年第 2 卷第 1 期
	徐益棠			
1	《中國古代之家族》	徐益棠	民鐸雜誌	1926 年第 7 卷第 1 期
2	《浙江畬民研究導言》	徐益棠	金陵學報	1933 年第 3 卷第 2 期
3	《評「中緬邊地紀遊」》	徐益棠	正論	1935 年第 36～37 期

4	《邊疆問題之地理研究的必要》	徐益棠	邊事研究	1935 年第 1 卷第 3 期
5	《廣西象平間猺民之服飾（插圖）》	徐益棠	金陵學報	1936 年第 6 卷第 2 期
6	《非常時期之雲南邊疆》	徐益棠	中國新論	1936 年第 2 卷第 4 期
7	《九一八以後之綏遠》	徐益棠、易世英	中國新論	1937 年第 3 卷第 3 期
8	《戰士的悲哀》	徐益棠	中國新論	1937 年第 3 卷第 2 期
9	《邊疆建設的根本問題》	徐益棠	廣播周報	1937 年第 119 期
10	《西康行記》	徐益棠	西南邊疆	1940 年第 8 期
11	《到松潘去》	徐益棠	青年中國季刊	1940 年第 2 卷第 1 期
12	《廣西象平間徭民之住屋（插圖）》	徐益棠	金陵學報	1940 年第 10 卷第 1～2 期
13	《廣西象平間徭民之法律》	徐益棠	邊政公論	1941 年第 1 卷第 1 期
14	《十年來邊疆民族研究之回顧與前瞻》	徐益棠	邊政公論	1941 年第 1 卷第 5～6 期
15	《康藏一妻多夫制之又一解釋》	徐益棠	邊政公論	1941 年第 1 卷第 2 期
16	《儸儸道場圖說（附圖）》	徐益棠	邊疆研究論叢	1941 年
17	《廣西象平間徭民之宗教及其宗教的文獻》	徐益棠	邊疆研究論叢	1941 年
18	《磨石溝（小涼山行記之一）》	徐益棠	時代精神	1941 年第 4 卷第 1 期
19	《邊疆教育的幾個原則》	徐益棠	學思	1942 年第 2 卷第 3 期
20	《漢族服飾之演變》	徐益棠	學思	1942 年第 1 卷第 5 期
21	《中國回教史鑒馬以愚著》	徐益棠	邊疆研究通訊	1942 年第 1 卷第 3 期
22	《書評：民族學研究集刊第二期》	徐益棠	邊疆研究通訊	1942 年第 1 卷第 1 期
23	《中國過去之社會救濟設施》	徐益棠	學思	1942 年第 2 卷第 6 期
24	《初入徭山記》	徐益棠	學思	1942 年第 2 卷第 11 期
25	《打冤家——？氏族間之戰爭》	徐益棠、楊國棟	邊政公論	1942 年第 1 卷第 7～8 期
26	《胡耐安：粵北之山排住民》	徐益棠	西南邊疆	1942 年第 15 期
27	《七年來之中國民族學會》	徐益棠	西南邊疆	1942 年第 15 期
28	《紀第二屆國際人類科學大會》	徐益棠	民族學研究集刊	1943 年第 3 期
29	《三，徭山行紀》	徐益棠	大學月刊（1942 年）	1943 年第 2 卷第 8 期
30	《西北建設綱領及其方案》	徐益棠	邊政公論	1943 年第 2 卷第 1～2 期
31	《二、廣西特種部族歌謠集》	徐益棠	西南邊疆	1943 年第 17 期

32	《廣西象平間傜民之村落》	徐益棠	邊政公論	1944 年第 3 卷第 2 期
33	《立信——雲南邊區建設之初步》	徐益棠	西南邊疆	1944 年第 18 期
34	《廣西象平間傜民之飲食》	徐益棠	邊疆研究論叢	1945 年
35	《廣西象平間傜民之婚姻》	徐益棠	邊疆研究論叢	1945 年
36	《宋代平時的社會救濟行政》	徐益棠	中國文化研究彙刊	1945 年第 5 卷第 1 期上冊
37	《宋代平時的社會救濟行政》	徐益棠	中國文化研究彙刊	1945 年第 5 卷第 1 期下冊
38	《介紹邊著拾遺》	徐益棠	邊政公論	1945 年第 4 卷第 9～12 期
39	《新疆問題之地理的觀察》	徐益棠	邊政公論	1946 年第 5 卷第 2 期
40	《中國民族學之發展》	徐益棠	民族學研究集刊	1946 年第 5 期
41	《法國的民族學及其研究機關》	徐益棠	民族學研究集刊	1946 年第 5 期
42	《大涼山》	徐益棠	邊疆通訊	1947 年第 4 卷第 5 期
43	《臺灣番族研究資料》	徐益棠	中國邊疆建設集刊	1948 年第 1 期
44	《臺灣高山族之文化》	W.Kira 徐益棠譯	邊政公論	1948 年第 7 卷第 4 期
45	《邊官邊民與邊政》	徐益棠	邊政公論	1948 年第 7 卷第 1 期
	楊成志			
1	《歷史之目的及其方法》	楊成志	國立第一中山大學語言歷史學研究所周刊	1928 年第 15 期
2	《關於苗族書籍的書目》	楊成志、余永梁	國立第一中山大學語言歷史學研究所周刊	1928 年第 35～36 期
3	《苗族的名稱區別及地理上的分佈與神話》	楊成志譯	國立第一中山大學語言歷史學研究所周刊	1928 年第 35～36 期
4	《安南通信》	容肇祖、楊成志	國立第一中山大學語言歷史學研究所周刊	1928 年第 44～45 期
5	《民族調查冒險記》	楊成志	良友畫報影印本	1929 年第 42 期
6	《單騎調查西南民族述略》	楊成志	國立第一中山大學語言歷史學研究所周刊	1930 年第 118 期

7	《羅羅說略》	楊成志	嶺南學報	1930 年第 1 卷第 3 期
8	《羅羅文的起源及其內容一般》	楊成志	國立中山大學語言歷史學研究所周刊	1930 年第 125～128 期
9	《新亞細亞學會今後之工作》	楊成志	新亞細亞	1931 年第 2 卷第 5 期
10	《一、新亞細亞學會今後之工作》	楊成志	新亞細亞	1931 年第 2 卷第 5 期
11	《雲南暹羅的文字》	楊成志	新亞細亞	1931 年第 2 卷第 2 期
12	《雲南的秘密區——車里》	楊成志	新亞細亞	1931 年第 2 卷第 4 期
13	《廣州中大語言歷史研究所出版物提要（書報介……》	楊成志	新亞細亞	1931 年第 1 卷第 6 期
14	《我的羅羅狗——獅子》	楊成志	南華文藝	1932 年第 1 卷第 7～8 期
15	《從西南民族說到獨立羅羅》	楊成志	新亞細亞	1932 年第 4 卷第 3 期
16	《雲南昆明散民族竹枝詞》	楊成志	新亞細亞	1932 年第 3 卷第 4 期
17	《從西南民族說到獨立羅羅》	楊成志	考古學雜誌	1932 年第 1 期
18	《Hypothèses sur les origines 抬 LoIos》	楊成志	史學專刊	1936 年第 1 卷第 2 期
19	《現代博物院學》	楊成志	國立北平研究院院務彙報	1936 年第 7 卷第 3 期
20	《玀玀文法概要（法文）》	楊成志	語言文學專刊	
21	《西南邊疆文化建設之三個建議》	楊成志	青年中國季刊	1939 年第 1 期
22	《現代人種問題的檢討》	楊成志	青年中國季刊	1940 年第 1 卷第 4 期
23	《什麼是人類學？》	楊成志	讀書知音	1940 年第 1 卷第 6 期
24	《邊政研究導論》	楊成志	廣東政治	1941 年第 1 卷第 1 期
25	《廣東名勝古迹之性質分類及其文化象徵》	楊成志	中山學報	1941 年第 1 卷第 8 期
26	《粵北乳源徭語小記》	楊成志	民俗	1943 年第 2 卷第 1～2 期
27	《人類學歷史的發展鳥瞰》	楊成志	民族學研究集刊	1943 年第 3 期
28	《粵北乳源徭人的人口問題》	楊成志	民俗	1943 年第 2 卷第 1～2 期
29	《粵北乳源徭人調查報告導言》	楊成志	民俗	1943 年第 2 卷第 1～2 期
30	《民俗學之內容與分類》	楊成志	民俗	1943 年第 2 卷第 4 期
31	《廣東名勝古迹之性質分類及其文化象徵》	楊成志	中學學報	1944 年第 2 卷第 3 期
32	《美國人及其文明》	楊成志	社會學訊	1947 年第 3 期
33	《民族問題的透釋》	楊成志	邊政公論	1947 年第 6 卷第 1 期

	楊漢先			
1	《烏蠻統治階級的內婚及其沒落》	聞宥、楊漢先	邊政公論	1943 年第 2 卷第 11～12 期
2	《大花苗婦女的經濟地位與婚姻》	楊漢先	華文月刊	1943 年第 2 卷第 2～3 期
3	《論解決苗夷問題》	楊漢先	邊鐸月刊	1946 年第 9 期
4	《讀邊政公論邊疆自治與文化後》	楊漢先	邊鐸月刊	1948 年第 2 卷第 1 期
	張少微			
1	《貴州惠水縣鄉土教材調查報告》	張少微、吳澤霖、陳國鈞	歷史社會季刊	1947 年第 1 卷第 2 期
2	《貴州惠水縣鄉土教材調查報告》	張少微、吳澤霖、陳國鈞	歷史社會季刊	1947 年第 1 卷第 1 期
	章太炎			
1	《中國人種考》		癸卯新民叢報彙編	1903 年
2	《清代學術之系統》	章太炎（講）、柴德賡（記）	師大月刊	1934 年第 10 期
3	《論經史儒之分合》	章太炎	光華大學半月刊	1935 年第 4 卷第 5 期
4	《再釋讀經之異議》	章太炎先生講	國光雜誌	1935 年第 6 期
5	《論讀經有利而無弊》	章太炎先生講	國光雜誌	1935 年第 5 期
6	《黃晦聞墓誌銘》	章太炎	越風	1935 年第 4 期
7	《論讀經有利而無弊》	章太炎	正論	1935 年第 30 期
8	《尊孔意義》	章太炎	國光雜誌	1935 年第 9 期
	莊學本			
1	《從蘭州到拉卜楞（西遊記第六集）》	莊學本	良友畫報影印本	1936 年第 123 期
2	《班禪歸藏》	莊學本攝	良友畫報影印本	1936 年第 118 期
3	《青海軍之騎術》	莊學本攝	良友畫報影印本	1936 年第 118 期
4	《青海婦女及其頭飾》	莊學本攝	良友畫報影印本	1936 年第 120 期

5	《丹巴調查報告》	莊學本	康導月刊	1939 年第 1 卷第 7 期
6	《西藏之戲劇》	莊學本	邊政公論	1941 年第 1 卷第 5～6 期
7	《羅羅文字的研究》	莊學本	說文月刊	1941 年第 3 卷第 2～3 期
8	《打野》	莊學本	康導月刊	1943 年第 5 卷第 4 期
9	《西康四季》	莊學本	康導月刊	1943 年第 5 卷第 2～3 期
10	《牛廠娃》	莊學本	康導月刊	1943 年第 5 卷第 1 期
11	《青康邊地巡禮》	莊學本	旅行雜誌	1944 年第 18 卷第 2 期
12	《踏訪積石山記的外圍》	莊學本	旅行雜誌	1948 年第 22 卷第 4 號
13	《卓克基至阿壩》	莊學本	旅行雜誌	1948 年第 22 卷第 5 號
14	《積石山大觀〔美術圖景〕》	莊學本	旅行雜誌	1948 年第 22 卷第 4 號

附錄 3　相關學者訪談

1. 四川大學文學人類學研究所（苗族學者）徐新建教授；
2. 浙江大學人類學研究所所長莊孔韶教授；
3. 臺灣中央研究院史語所院士王明珂教授；
4. 臺灣暨南大學人類學研究所所長潘英海副教授；
5. 雲南大學民族研究院暨西南邊疆少數民族研究中心主任何明教授；
6. 西南民族大學（彝族學者）羅慶春教授；
7. 廈門大學人類學研究所彭兆榮教授；
8. 美國華盛頓州立大學歷史系王秀玉副教授。

後　記

　　中國西南，吾生於斯，長於斯，然直到今天，突然問自己：吾爲何人？
這個問題對我來說充滿誘惑與慨歎。自入四川大學研讀文學人類學專業以
來，我之所感、所憾，竟皆緣於對西南的研究！所感終於有機會在微塵中翻
閱前輩留下的學術財富，用來研究自己所處的地域文化及意義；所憾的是爬
梳了大量資料，卻難以交出一份滿意的答卷，評價他們有時體現出自我的矛
盾。學術的批評背後，其實是對自我及自我所處時代更深刻的反思。試想後
代學人，何曾如他們那般，爲了理想，爲了「他者」，顛沛流離，甚至置生死
於度外？他們也曾努力尋找異族文化的眞相，雖然因襲的重負、時代的交錯，
限制了他們人類學的眼光。彼時的民族調查，現在也堪稱中國人類學史上的
輝煌。民國，至今仍被學者稱之爲人類學學術史上的黃金時代。今人想續接，
更想超越。許多人都在尋找他們結束之地，以求再次出發。

　　於我而言，初入學門，才疏學淺，差距甚遠。好在對於我這樣未曾如他
們這般行走的初學者而言，結束亦是開始。艾略特曾說，終點是我們出發的
地方。結束的這一粗糙研究，思於社會增值或許不大，然觀「他者」以自觀，
個人所獲亦未必全無，憑此或許可以再次出發？！

　　在此，首先對我的恩師徐新建教授誠表謝意。知遇之恩，難訴一二，我
作學問的信心與勇氣，實是徐老師給的。他曾說，眞正做學問需要九死一生！
這話使我潛下心來，接受考驗！徐老師耐心接受我關於民族誌的訪談，從選
題到寫作完成，給了我很多啓發。我在論文中盡我所能吸收了他的眞知灼見。
文學人類學界葉舒憲、彭兆榮教授的講座與交流也讓我開闊視野，增識不少；
四川大學曹順慶、趙毅衡、馮憲光、李祥林、段玉民等教授的課堂所授或課

後交流也令我受益匪淺；被四川大學文學人類學研究所邀請來講座的各路專家學者給我添加了不少學術營養。在此均表感謝。

我還要感謝我到臺灣訪學的接收人，中央研究院院士王明珂先生，在他的課堂上聆聽並交流西南研究實是學術人生之幸；感謝臺灣清華大學人類學研究所所長林淑蓉（她的突然離世讓我悲傷不已）、中央研究院民族學研究所何翠萍、暨南大學人類學研究所所長潘英海等諸位前輩學者撥冗接受我的請教；還要感謝臺灣中研院張朋園先生的指導和提攜，感謝他在我訪臺學習期間的費心幫助和勉勵。中央研究院博士後王鵬惠小姐與我一見如故，感謝她與我分享其學術心得與學術資源；感謝同在臺灣中興大學訪學的美國華盛頓州立大學歷史系王秀玉副教授與我分享海外西南研究並給我英文翻譯的指導；感謝中興大學博士候選人龍如鳳小姐給我提供在臺的一切方便。

讓我心存感激的還有接受我訪談的林耀華先生的第一代弟子莊孔韶教授、雲南大學民族研究院暨西南邊疆少數民族研究中心主任何明教授、西南民族大學彝族學者羅慶春教授等。還要感謝我如父般的碩導徐其超教授，從未放棄對我的指導，以及給予我母親般關懷的師母杜躍富教授。另外，2009級博士班上課的熱烈氣氛給了我最幸福的學習時光；與同學如姐妹的楊驪、羅安平一起前進成為終生難忘的回憶；師妹付海鴻的熱心相助為我排憂解難；與各位師姐、師妹的交流、碰撞給我的啓發，在此一併致謝。

最後要將感謝留給我的家人。愛人的默默支持，父母一如既往地為我解決家務之憂，其它親人亦為我解燃眉之急，在我最困窘之時不離不棄，溫暖守護，連我幼小的女兒，也會經常為我掩上書房的門……

學問之道的博、專、精、通，我難達其一，雖然盡量取我所長，略我所短，但還是難免錯將窪地為高坡，誤以樹木為森林。交稿之際，無不惶恐。唯一安慰的是，如果說學問之道在於學人，那麼通過此番「修煉」，「吾為何人」的追問激勵著我，讓我超越過去的自己，同時也增添了一點懇請方家斧正拙作的願望與底氣。

作者，2014 年末於成都